Learn

MODERN GREEK

The Best Way

An Introductory Book to:

MODERN GREEK FOR FOREIGNERS

By
Dr. Dr. ATHAN. J. DELICOSTOPOULOS
Formerly Professor at the University of Athens

NEW REVISED EDITION

ATHENS

EFSTATHIADIS GROUP S.A.
14, Valtetsiou Str.
106 80 Athens
Tel: (01) 5154650, 6450113
Fax: (01) 5154657
GREECE

ISBN 960 226 342 3

© **Efstathiadis Group A.E. 1999**

Printed and bound in Greece

PREFACE

There are many who wish to learn modern Greek. They have tried many books and methods. None of these was effective, since none was planned in a scientific way.

LEARN MODERN GREEK THE BEST WAY

is the product of scientific language laboratory work and it is based on the findings of modern linguistics. It uses the audio-lingual and direct-visual methods. It provides integrated material for students of modern Greek as a second language.

LEARN MODERN GREEK THE BEST WAY,

makes learning an easy task and a rewarding experience. It is an entirely new course designed especially for you. The text is illustrated to help you understand without much explanation in your own language. It gives you a preliminary experience of modern Greek in the most successful way. Having finished this introductory book you can continue with

"MODERN GREEK FOR FOREIGNERS",

an one volume complete course.

Both books can be used with or without a teacher and require only the minimum expenditure of your valuable time. Our complete course will help you use the language correctly and master it fully the quickest way.

There is a complete glossary of all words used at the end of the book.

Dr. Dr. Athan. J. Delicostopoulos
Formerly Professor at the Univesity of Athens

THE MODERN GREEK LANGUAGE PROGRAMME FOR FOREIGNERS

by

Dr. Dr. Athanasios J. Delicostopoulos

Formerly Professor at the University of Athens

1. MODERN GREEK FOR FOREIGNERS

A complete course based on the findings of modern linguistics.

2. LEARN MODERN GREEK THE BEST WAY

A very useful book for an easy start. It is the product of scientific language laboratory work. It uses the audio-lingual and direct-visual methods.

Both books provide integrated material for students of modern Greek as a second language. They can be used with or without a teacher. They require only the minimum expenditure of your valuable time.

3. GREEK IDIOMS

More than 2.200 Greek Idioms with their English and American equivalent expressions. No matter how advanced you are in your Greek, this book will help you go further.

4. QUICK MODERN GREEK FOR TOURISTS

A pocket book that serves many practical aims. It has the advantage of helping you be at home in Greece. It supplies you with much useful travel information. With this small book at hand everyone will understand you. There is no language barrier for you any more. A quick reference book for all situations. A simple guide for communication with everybody while in Greece.

5. AN ENGLISH-MODERN GREEK AND MODERN GREEK-ENGLISH DICTIONARY

A handy reference for foreigners and Greeks learning both languages. The explanations are always clear, exact, short and comprehensive. The two dictionaries, bound in one volume, include all new words that have been introduced in everyday life.

6. The programme will include keys, work books, records, cassettes and a special book on **GREEK VERBS**.

ἄγαλμα

ἥλιος

βάζο

θρόνος

γάτα

ἰατρὸς

δολλάριο

καπέλλο

ἐλάφι

λεμόνι

ζέβρα

μῆλο

νερὸ

τηλέφωνο

ξυραφάκι

ὑποβρύχιο

ὀμελέττα

φόρεμα

πακέτο

χέρι

ράδιο

ψάρι

σπίτι

ὠκεανὸς

(σελὶς ἕξ (6)

ἄγαλμα
α Α

ἥλιος
η Η

βάζο
β Β

θρόνος
θ Θ

γάτα
γ Γ

ἰατρὸς
ι Ι

δολλάριο
δ Δ

καπέλλο
κ Κ

ἐλάφι
ε Ε

λεμόνι
λ Λ

ζέβρα
ζ Ζ

μῆλο
μ Μ

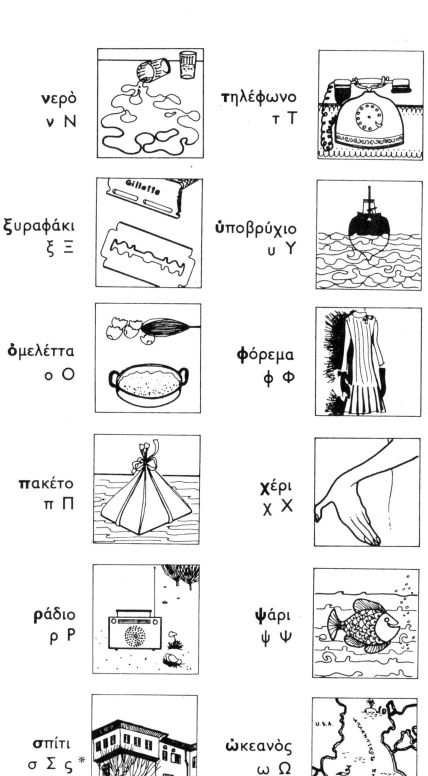

νερὸ
ν Ν

τηλέφωνο
τ Τ

ξυραφάκι
ξ Ξ

ὑποβρύχιο
υ Υ

ὀμελέττα
ο Ο

φόρεμα
φ Φ

πακέτο
π Π

χέρι
χ Χ

ράδιο
ρ Ρ

ψάρι
ψ Ψ

σπίτι
σ Σ ς *

ὠκεανὸς
ω Ω

---

* When at the end of a word e.g.　θρόνος

Exercise

Write the proper Greek word next to each object

ἄγαλμα _____

_____

_____

_____

_____

_____

_____

_____

_____

_____

_____

More Exercises
Copy each Greek letter two times

A α   _____   N ν   _____

B β   _____   Ξ ξ   _____

Γ γ   _____   O o   _____

Δ δ   _____   Π π   _____

E ε   _____   P ρ   _____

Z ζ   _____   Σ σ ς   _____

H η   _____   T τ   _____

Θ θ   _____   Y υ   _____

I ι   _____   Φ φ   _____

K κ   _____   X χ   _____

Λ λ   _____   Ψ ψ   _____

M μ   _____   Ω ω   _____

2) Make a list of Greek words that you know.

——————— ——————— ———————

——————— ——————— ———————

——————— ——————— ———————

——————— ——————— ———————

——————— ——————— ———————

——————— ——————— ———————

3) Pronounce the words you wrote carefully.

4) Each time you see any of the above objects name it in Greek.

5) Each student in the classroom should stand up in turns and practice orally words that he knows.

6) Call volunteers to the blackboard. Let them write in Greek words that they know. Ask the other students to correct possible mistakes.

Βιβλίο

τὸ βιβλίο

θρανίο

τὸ θρανίο

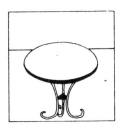

τραπέζι

τὸ τραπέζι

μολύβι

τὸ μολύβι

κορίτσι

τὸ κορίτσι

ἀγόρι

τὸ ἀγόρι

παράθυρο

τὸ παράθυρο

τὸ=the (neuter)

ORAL PRACTICE

τὸ βιβλίο   τὸ θρανίο

τὸ τραπέζι   τὸ μολύβι

τὸ κορίτσι   τὸ ἀγόρι

κορίτσι   ἀγόρι

τραπέζι   μολύβι

βιβλίο   θρανίο

τὸ παράθυρο   τὸ κορίτσι

τὸ ἀγόρι   τὸ τραπέζι

τὸ μολύβι   τὸ βιλβίο

τὸ θρανίο   τὸ θρανίο

τὸ βιβλίο   τὸ μολύβι

τὸ τραπέζι   τὸ ἀγόρι

τὸ κορίτσι   τὸ παράθυρο

βιβλίο
τὸ βιβλίο
ἕνα βιβλίο

θρανίο
τὸ θρανίο
ἕνα θρανίο

τραπέζι
τὸ τραπέζι
ἕνα τραπέζι

μολύβι
τὸ μολύβι
ἕνα μολύβι

κορίτσι
τὸ κορίτσι
ἕνα κορίτσι

ἀγόρι
τὸ ἀγόρι
ἕνα ἀγόρι

παράθυρο
τὸ παράθυρο
ἕνα παράθυρο

How many new words have you learnt in this unit?
Make a list of them.

. . . .

. . . .

. . . .

ἕνα=a, one (neuter)

ORAL PRACTICE

ἕνα βιβλίο	ἕνα θρανίο
ἕνα τραπέζι	ἕνα μολύβι
ἕνα κορίτσι	ἕνα ἀγόρι

ἕνα παράθυρο

τὸ παράθυρο

παράθυρο

βιβλίο	κορίτσι
ἕνα βιβλίο	τὸ κορίτσι
τὸ βιβλίο	ἕνα κορίτσι

ἀγόρι	τραπέζι
τὸ ἀγόρι	ἕνα τραπέζι
ἕνα ἀγόρι	τὸ τραπέζι

θρανίο	μολύβι
ἕνα θρανίο	τὸ μολύβι
τὸ θρανίο	ἕνα μολύβι

Written Practice*

Write the proper Greek word next to each object.

Follow the example.

κορίτσι,   τὸ κορίτσι   ἕνα κορίτσι

_____   _____   _____

_____   _____   _____

_____   _____   _____

_____   _____   _____

_____   _____   _____

_____   _____   _____

---

* Διὰ τὸν διδάσκοντα: Παιδιὰ πολὺ μικρᾶς ἡλικίας νὰ κάνουν τὰς ἀσκήσεις μόνον προφορικῶς.

ἄγαλμα

τὸ ἄγαλμα

ἕνα ἄγαλμα

Αὐτὸ εἶναι ἕνα ἄγαλμα.

βάζο

τὸ βάζο

ἕνα βάζο

Αὐτὸ εἶναι ἕνα βάζο.

δολλάριο

τὸ δολλάριο

ἕνα δολλάριο

Αὐτὸ εἶναι ἕνα δολλάριο.

ἐλάφι

τὸ ἐλάφι

ἕνα ἐλάφι

Αὐτὸ εἶναι ἕνα ἐλάφι.

Αὐτὸ εἶναι ἕνα θρανίο

Αὐτὸ εἶναι ἕνα βιβλίο

Αὐτὸ εἶναι ἕνα τραπέζι

Αὐτὸ εἶναι ἕνα μολύβι

Αὐτὸ εἶναι ἕνα κορίτσι

αὐτὸ = this

εἶναι = is

Αὐτὸ εἶναι ἕνα ἀγόρι

Αὐτὸ εἶναι ἕνα παράθυρο

Αὐτὸ εἶναι ἕνα ἄγαλμα

Αὐτὸ εἶναι ἕνα βάζο

Αὐτὸ εἶναι ἕνα δολλάριο

Αὐτὸ εἶναι ἕνα ἐλάφι

κρεββάτι
τὸ κρεββάτι
ἕνα κρεββάτι
Αὐτὸ εἶναι ἕνα κρεββάτι

γράμμα
τὸ γράμμα
ἕνα γράμμα
Αὐτὸ εἶναι ἕνα γράμμα

δένδρο
τὸ δένδρο
ἕνα δένδρο
Αὐτὸ εἶναι ἕνα δένδρο

ἀεροπλάνο
τὸ ἀεροπλάνο
ἕνα ἀεροπλάνο
Αὐτὸ εἶναι ἕνα ἀεροπλάνο

Τί εἶναι αὐτό;
Αὐτὸ εἶναι ἕνα κρεββάτι

Τί εἶναι αὐτό;
Αὐτὸ εἶναι ἕνα γράμμα

Τί εἶναι αὐτό;
Αὐτὸ εἶναι ἕνα δένδρο

Τί εἶναι αὐτό;
Αὐτὸ εἶναι ἕνα ἀεροπλάνο

Τί; = what?

Τί εἶναι αὐτό; = What is this?

Ask and answer

1.—Τί εἶναι αὐτό;
    Αὐτὸ εἶναι ἕνα γράμμα

2.— Τὶ εἶναι αὐτό;
    Αὐτὸ εἶναι ἕνα . . . .

3.— Τί εἶναι αὐτό;
    Αὐτὸ εἶναι ἕνα . . . .

4.— Τί εἶναι αὐτό;
    Αὐτὸ εἶναι ἕνα. . . .

5.— Τὶ εἶναι αὐτό;
    Αὐτὸ εἶναι ἕνα . . . .

6.— Τί εἶναι αὐτό;
    Αὐτὸ εἶναι ἕνα . . . .

7.— Τὶ εἶναι αὐτό;
    Αὐτὸ εἶναι ἕνα . . . .

8.— Τί εἶναι αὐτό;
    Αὐτὸ εἶναι ἕνα. . . .

Make a list of the new words.
Read them aloud. Learn them by heart.

Fill in the missing words

1.— Εἶναι αὐτὸ ἔνα μολύβι;
   Ναί, αὐτὸ εἶναι ἔνα μολύβι.
   Εἶναι* ἔνα μολύβι.

2.— Εἶναι αὐτὸ ἔνα παράθυρο;
   Ναί, αὐτὸ εἶναι ἔνα . . . .
   Εἶναι ἔνα . . . .

3.— Εἶναι αὐτὸ ἔνα κορίτσι;
   Ναί, αὐτὸ εἶναι ἔνα . . . .
   Εἶναι ἔνα . . . .

4.— Εἶναι αὐτὸ ἔνα ἀγόρι;
   Ναί, αὐτὸ εἶναι ἔνα ἀγόρι
   Εἶναι ἔνα . . . . .

5.— Εἶναι αὐτὸ ἔνα ἀεροπλάνο;
   Ναί, αὐτὸ εἶναι ἔνα . . . .
   Εἶναι ἔνα . . . .

6.— Εἶναι αὐτὸ ἔνα δένδρο;
   Ναί, αὐτὸ εἶναι ἔνα . . . .
   Εἶναι ἔνα . . . .

7.— Εἶναι αὐτὸ ἔνα τραπέζι;
   Ναί, αὐτὸ εἶναι ἔνα . . . .
   Εἶναι ἔνα . . . . . .

_____

* It is = εἶναι
  Is it? = εἶναι;

UNIT 5

'Εκεῖνο

Αὐτὸ

'Εκεῖνο εἶναι ἔνα **θερμόμετρο**

Αὐτὸ εἶναι ἔνα **κλειδὶ**

'Εκεῖνο εἶναι ἔνα **λεξικὸ**

Αὐτὸ εἶναι ἔνα **κεφάλι**

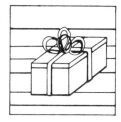

'Εκεῖνο εἶναι ἔνα πακέτο

Αὐτὸ εἶναι ἔνα δολλάριο

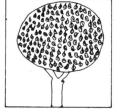

'Εκεῖνο εἶναι ἔνα δένδρο

Αὐτὸ εἶναι ἔνα καπέλλο

αὐτὸ (**ἐδῶ**) = this (here)

ἐκεῖνο (**ἐκεῖ**) = that (there)

Write the proper word and read aloud.

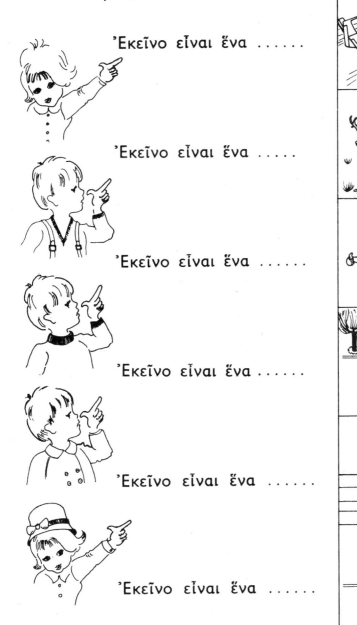

Ἐκεῖνο εἶναι ἔνα ......

Ἐκεῖνο εἶναι ἔνα .....

Ἐκεῖνο εἶναι ἔνα ......

Ἐκεῖνο εἶναι ἔνα ......

Ἐκεῖνο εἶναι ἔνα ......

Ἐκεῖνο εἶναι ἔνα ......

ORAL PRACTICE

Αὐτὸ ἐδῶ εἶναι ἔνα γράμμα. Ἐκεῖνο ἐκεῖ εἶναι ἔνα
μῆλο. Ἐκεῖνο ἐκεῖ εἶναι ἔνα καπέλλο. Αὐτὸ ἐδῶ εἶναι
ἔνα πακέτο. Αὐτὸ ἐδῶ εἶναι μῆλο, ἐκεῖνο εἶναι
λεμόνι. Ἐκεῖνο εἶναι τὸ λεξικό. Αὐτὸ ἐδῶ εἶναι τὸ
θερμόμετρο. Αὐτὸ εἶναι τὸ κεφάλι. Ἐκεῖνο εἶναι τὸ
κλειδί.

Ask and answer. Follow the example.

Τί εἶναι αὐτό;
Αὐτὸ εἶναι ἕνα μῆλο.
Εἶναι ....

Τί εἶναι ἐκεῖνο;
Ἐκεῖνο εἶναι ἕνα
ἀεροπλάνο
Εἶναι ....

How many of the things in the picture can you name in Greek? Make a list of them.

. . . .

. . . .

. . . .

. . . .

. . . .

. . . .

. . . .

. . . .

Written Practice

Form and write ten questions, then answer them.

e.g.1.— Τί εἶναι αὐτό; Αὐτὸ εἶναι ἕνα καπέλλο. Εἶναι αὐτὸ ἕνα καπέλλο; Ναί, εἶναι.

ναύτης
ὁ ναύτης

σταυρὸς
ὁ σταυρὸς

μαθητὴς
ὁ μαθητὴς

ἰατρὸς
ὁ ἰατρὸς

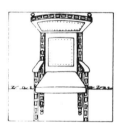

θρόνος
ὁ θρόνος

ἥλιος
ὁ ἥλιος

ORAL PRACTICE

ὁ σταυρὸς   ὁ ἰατρὸς
ὁ θρόνος   ὁ ναύτης
ὁ μαθητὴς   ὁ ἥλιος

ὁ = the (masculine) N. B. In Greek gender and sex correlate
to some extent.

ὁ ναύτης = the sailor, the seaman
ὁ μαθητὴς = the pupil, the student
ὁ σταυρὸς = the cross, the sign of the cross

σπίτι
τὸ σπίτι
ἕνα σπίτι

ράδιο
τὸ ράδιο
ἕνα ράδιο

θρόνος
ὁ θρόνος
ἕνας θρόνος

ναύτης
ὁ ναύτης
ἕνας ναύτης

μαθητὴς
ὁ μαθητὴς
ἕνας μαθητὴς

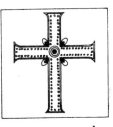

σταυρὸς
ὁ σταυρὸς
ἕνας σταυρὸς

ἰατρὸς
ὁ ἰατρὸς
ἕνας ἰατρὸς

Ὁ ναύτης, ἕνας ναύτης, ὁ μαθητής, ἕνας μαθητής,
ὁ ἰατρός, ἕνας ἰατρός, ὁ θρόνος, ἕνας θρόνος,
ὁ σταυρός, ἕνας σταυρός.

ἕνας = a, one (masculine)

PICTURE PRACTICE

Write the proper Greek word next to each object.
Follow the example, but be careful.

σταυρός,   ὁ σταυρός, ἕνας σταυρὸς

_____   _____   _____

_____   _____   _____

_____   _____   _____

_____   _____   _____

_____   _____   _____

_____   _____   _____

_____   _____   _____

How many new words have you learnt in this unit?
Make a list of them. Don't forget the articles.

ἀριθμὸς
ὁ ἀριθμὸς 10
ἕνας ἀριθμὸς

ἀριθμὸς
ὁ ἀριθμὸς 150
ἕνας ἀριθμὸς

ἕνας **ψαρᾶς**
ὁ ψαρᾶς
ψαρᾶς

ἕνας **χάρτης**
ὁ χάρτης
χάρτης

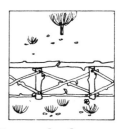

ἕνας **φράκτης**
ὁ φράκτης
φράκτης

χέρι
τὸ χέρι
ἕνα χέρι

φόρεμα
τὸ φόρεμα
ἕνα φόρεμα

Τηλέφωνο
τὸ τηλέφωνο
ἕνα τηλέφωνο

Αὐτὸ εἶναι ἕνα τηλέφωνο

ὑποβρύχιο
τὸ ὑποβρύχιο
ἕνα ὑποβρύχιο

Αὐτὸ εἶναι ἕνα ὑποβρύχιο

φάκελλος
ὁ φάκελλος
ἕνας φάκελλος

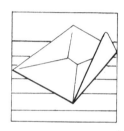

Αὐτὸς εἶναι ἕνας φάκελλος

φακὸς
ὁ φακὸς
ἕνας φακὸς
Αὐτὸς εἶναι ἕνας φακὸς

Copy
Αὐτὸ ἐδῶ εἶναι ἕνα βιβλίο. Ἐκεῖνο ἐκεῖ εἶναι ἕνα
τηλέφωνο. Αὐτὸς εἶναι ἕνας ψαρᾶς. Αὐτὸς εἶναι ὁ
ἀριθμὸς 20. Ὁ φράκτης, ὁ φακός, ὁ φάκελλος.
Αὐτὸς ὁ χάρτης.

Αὐτὸς = this (masculine)
ὁ φάκελλος = the envelope
ὁ φακὸς = the lens, the magnifying glass

ORAL PRACTICE

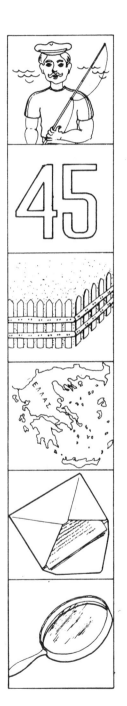

1.— Τί εἶναι αὐτός;
   Αὐτὸς εἶναι ἕνας ψαρᾶς
   Εἶναι ψαρᾶς.

2.— Τί εἶναι αὐτός;
   Αὐτὸς εἶναι ἕνας ἀριθμὸς
   Εἶναι ὁ ἀριθμὸς 45.

3.— Τί εἶναι αὐτός;
   Αὐτὸς εἶναι ἕνας φράκτης.
   Εἶναι φράκτης.

4.—Εἶναι αὐτὸς ἕνας χάρτης;
   Ναί, αὐτὸς εἶναι ἕνας χάρτης.
   Εἶναι ἕνας χάρτης.

5.— Εἶναι αὐτὸς ἕνας φάκελλος;
   Ναί, αὐτὸς εἶναι ἕνας φάκελλος.
   Εἶναι ἕνας φάκελλος.

6.— Εἶναι αὐτὸς ἕνας φακός;
   Ναί, αὐτὸς εἶναι ἕνας φακός.
   Εἶναι ἕνας φακός.

Write the proper word and read aloud.

1.—Αὐτὸς εἶναι ἕνας ......
    Εἶναι ......

2.— Αὐτὸς εἶναι ἕνας ......
    Εἶναι ......

3.— Αὐτὸς εἶναι ἕνας ....
    Εἶναι ....

4.— Αὐτὸς εἶναι ἕνας ....
    Εἶναι ....

5.— Αὐτὸς εἶναι ἕνας ....
    Εἶναι ....

6.— Αὐτὸς εἶναι ἕνας ......
    Εἶναι ......

7.— Αὐτὸς εἶναι ἕνας ....
    Εἶναι ....

8.— Αὐτὸς εἶναι ἕνας .....
    Εἶναι .....

9.— Αὐτὸς εἶναι ἕνας ....
    Εἶναι ....

10.— Αὐτὸς εἶναι ἕνας ....
    Εἶναι ......

Question: Τί εἶναι ὁ ἀριθμὸς ἕνα;
Answer: Ὁ ἀριθμὸς ἕνα εἶναι ἕνα ἀεροπλάνο.
Question: Τί εἶναι ὁ ἀριθμὸς δέκα;
Answer: Ὁ ἀριθμὸς δέκα εἶναι ἕνα κρεββάτι.

σελὶς τριάντα τρία (33)

3

Fill in the missing words.

1.— Αὐτὸ ἐδῶ .... ἕνα καπέλλο

  Ἐκεῖνο ἐκεῖ .... ἕνα λεμόνι

2.— Τί εἶναι αὐτό;

  ..... εἶναι ἕνα μῆλο.

3.— Εἶναι ἐκεῖνο ....ξυραφάκι;

  Ναί, ...ἕνα· ξυραφάκι;

4.— Τί εἶναι ......ἐκεῖ;

  Ἐκεῖνο ἐκεῖ .....ἕνα πακέτο.

5.— Εἶναι αὐτὸ ἐδῶ ἕνα σπίτι;

  Ναί, αὐτὸ εἶναι ἕνα .....

Say the Greek cardinal numbers
from one to thirty four.
Write next to each number the corresponding
Greek word.

1 = ἕνα		11 =	......
2 = δύο		12 =	......
3 =	......	13 =	......
4 =	......	14 =	......
5 =	......	15 =	......
6 =	......	16 =	......
7 =	......	17 =	......
8 =	......	18 =	......
9 =	......	19 =	......
10 =	......	20 =	......

Picture Practice
Ask and answer

Question: Τί εἶναι ὁ ἀριθμὸς ἕνα;

Answer: Ὁ ἀριθμὸς ἕνα εἶναι ἕνας ναύτης.

Put the article missing.

. . . χέρι	. . . φακὸς	. . . θρανίο
. . . φάκελλος	. . . βιβλίο	. . . θρόνος
. . . φόρεμα	. . . . λεξικὸ	. . . τραπέζι
. . . φράκτης	. . . μολύβι	. . . ἥλιος

... ὑποβρύχιο	... μαθητὴς	... κορίτσι
... ξυραφάκι	.. ἀγόρι	.. κρεββάτι
... τηλέφωνο	... σταυρὸς	.. ἀεροπλάνο
.. ψαρᾶς	... παράθυρο	... δένδρο
... ράδιο	... ἰατρὸς	... γράμμα
... ἄγαλμα	.. βάζο	... δολλάριο
... ἐλάφι	.. θερμόμετρο	... κλειδὶ
... κεφάλι	... ναύτης	... καπέλλο
... λεμόνι	.. μῆλο	... χάρτης

Put ἕνα or ἕνας as required,

e.g. ἕνας σταυρὸς   ἕνα ἀγόρι

.... βιβλίο	.... ναύτης
.... ψαρᾶς	.... μολύβι
.... κορίτσι	.... μαθητὴς
.... χάρτης	.... παράθυρο
.... ἀγόρι	.... φράκτης
.... δένδρο	.... γράμμα

Can you name all of them in Greek?

ἐκεῖνος ἐκεῖ

αὐτὸς ἐδῶ

'Εκεῖνος εἶναι ἕνας **πύργος**.

Αὐτὸς εἶναι ἕνας **τοῖχος**.

'Εκεῖνος εἶναι ἕνας **μαέστρος**.

Αὐτὸς εἶναι ἕνας **τσολιᾶς**.

ταῦρος
ὁ ταῦρος
ἕνας ταῦρος

στυλογράφος
ὁ στυλογράφος
ἕνας στυλογράφος

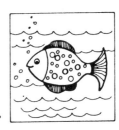

'Εκεῖνο τὸ ψάρι εἶναι ἐκεῖ.

ὁ τσολιᾶς = a soldier of the Royal Guard

Εἶναι αὐτὸς ἕνας ψαρᾶς;
Ὄχι,δὲν εἶναι.   Τί εἶναι <u>τότε;</u>
Αὐτὸς εἶναι ἕνας τσολιᾶς.
Εἶναι ἕνας τσολιᾶς.

Εἶναι αὐτὸς ἕνας τσολιᾶς;
Ὄχι, δὲν εἶναι: Τί εἶναι τότε;
Αὐτὸς εἶναι ἕνας τοῖχος.
Εἶναι ἕνας τοῖχος.

Εἶναι αὐτὸς ἕνας τοῖχος;
Ὄχι, δὲν εἶναι.   Τί εἶναι τότε;
Αὐτὸς εἶναι ἕνας ταῦρος.
Εἶναι ἕνας ταῦρος.

Εἶναι αὐτὸς ἕνας ταῦρος;
Ὄχι, δὲν εἶναι.
Τί εἶναι τότε;
Εἶναι ἕνας στυλογράφος.

Εἶναι αὐτὸς ἕνας στυλογράφος;
Ὄχι δὲν εἶναι.
Τί εἶναι τότε;
Εἶναι ἕνας πύργος.

Εἶναι αὐτὸς ἕνας πύργος;
Ὄχι δὲν εἶναι.
Τί εἶναι τότε;
Εἶναι ἕνας μαέστρος.

ὄχι = no, not

δέν = negative particle

τότε; = then?

Αὐτὸ εἶναι ἕνα τηλέφωνο.
Δὲν εἶναι ἕνα σπίτι.

Αὐτὸς δὲν εἶναι ἕνας τοῖχος.
Εἶναι σταυρὸς

Δὲν εἶναι ναύτης.
Εἶναι μαθητὴς.

Δὲν εἶναι ταῦρος.
Εἶναι πύργος.

Δὲν εἶναι ὑποβρύχιο.
Εἶναι ἀεροπλάνα

Δὲν εἶναι τσολιᾶς.
Εἶναι ἰατρὸς.

Δὲν εἶναι χάρτης.
Εἶναι φράκτης.

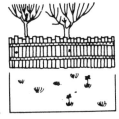

WRITTEN PRACTICE

Ὄχι, δὲν εἶναι σπίτι, εἶναι τηλέφωνο.

Ὄχι, δὲν εἶναι τοῖχος, εἶναι σταυρός.

Ὄχι, δὲν εἶναι ναύτης, εἶναι μαθητής.

Ὄχι, δὲν εἶναι τσολιᾶς, εἶναι ἰατρός.

Ὄχι δὲν εἶναι ταῦρος, εἶναι πύργος.

Ὄχι, δὲν εἶναι ὑποβρύχιο, εἶναι ἀεροπλάνο.

Ὄχι δὲν εἶναι χάρτης, εἶναι φράκτης.

ἀρκούδα

ἡ ἀρκούδα

μαθήτρια

ἡ μαθήτρια

βάρκα

ἡ βάρκα

βούρτσα

ἡ βούρτσα

γέφυρα

ἡ γέφυρα

πόρτα

ἡ πόρτα

καρέκλα

ἡ καρέκλα

λάμπα

ἡ λάμπα

ἡ = the (feminine)

ἡ γάτα

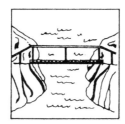

ἡ γέφυρα

ἡ ὀμελέττα

ORAL PRACTICE

ἡ ἀρκούδα		ἡ γέφυρα
ἡ μαθήτρια	ἡ γάτα	ἡ καρέκλα
ἡ βάρκα	ἡ ζέβρα	ἡ πόρτα
ἡ βούρτσα	ἡ ὀμελέττα	ἡ λάμπα

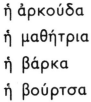

μία ἀρκούδα,

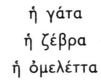

μία πόρτα,

μία λάμπα

μία καρέκλα

μία μαθήτρια

μία γέφυρα

μία βούρτσα

μία βάρκα

μία = a, one (feminine)

Written Practice
Write the proper Greek word next to each object.
Follow the example.

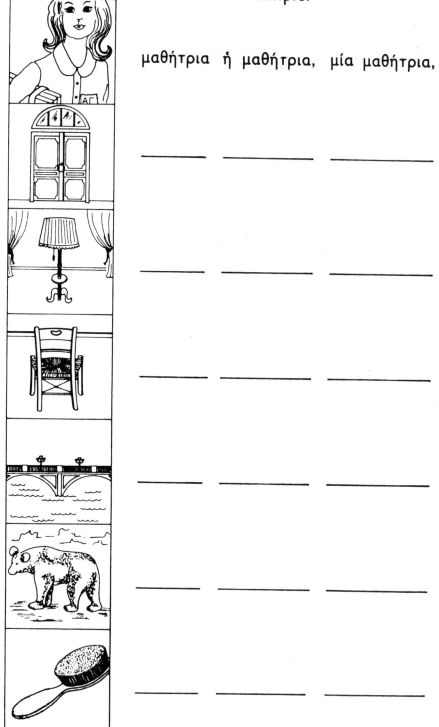

μαθήτρια ἡ μαθήτρια, μία μαθήτρια,

_____ _____ _____ _____

_____ _____ _____ _____

_____ _____ _____ _____

_____ _____ _____ _____

_____ _____ _____ _____

_____ _____ _____ _____

_____ _____ _____

_____ _____ _____

_____ _____ _____

_____ _____ _____

Copy.

Μία ἀρκούδα. Ἡ μαθήτρια. Μία λάμπα. Ἡ πόρτα.
Μία καρέκλα. Ἡ γάτα. Μία ζέβρα. Ἡ ὀμελέττα.
Ἡ γέφυρα. Μία βούρτσα. Ἡ βάρκα. Ἡ καρέκλα.
Μία γάτα. Ἡ ζέβρα. Μία ὀμελέττα. Ἡ μαθήτρια.
Μία γέφυρα. Ἡ βούρτσα. Μία βάρκα. Μία μαθήτρια.

Don't forget.

ὁ	ἡ	τὸ	= the
ἕνας	μία	ἕνα	= a, one

Learn each new word with its article.

Τί εἶναι αὐτό;
Αὐτὸ εἶναι ἔνα βιβλίο.

Τί εἶναι αὐτός;
Αὐτὸς εἶναι ἔνας σταυρός.

τὸ βιβλίο = αὐτὸ τὸ βιβλίο
ὁ σταυρὸς = αὐτὸς ὁ σταυρὸς
ἡ γάτα = **αὐτὴ** ἡ γάτα

Ἐκκλησία
ἡ ἐκκλησία
Μία ἐκκλησία
Αὐτὴ ἡ ἐκκλησία

Αὐτὴ εἶναι μία γάτα.
Τί εἶναι αὐτή;

καμπάνα
ἡ καμπάνα
μία καμπάνα
αὐτὴ ἡ καμπάνα

εἰκόνα
ἡ εἰκόνα
μία εἰκόνα
αὐτὴ ἡ εἰκόνα

αὐτὴ = this (feminine)

ἀλυσίδα
μία ἀλυσίδα
ἡ ἀλυσίδα
Αὐτὴ εἶναι μία ἀλυσίδα

ζώνη
ἡ ζώνη
μία ζώνη
Αὐτὴ εἶναι μία ζώνη.

ἡ αἴθουσα
Εἶναι αὐτὴ μία αἴθουσα;
Ναί, εἶναι μία αἴθουσα.

ἡ ἀποβάθρα
Αὐτὴ δὲν εἶναι μία ζώνη.
Αὐτὴ εἶναι μία ἀποβάθρα.

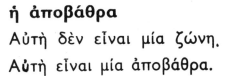

ἡ βεράντα
Αὐτὴ δὲν εἶναι μία ἀποβάθρα.
Αὐτὴ εἶναι μία βεράντα.

ἡ ἀλεποῦ
Εἶναι αὐτὴ ἡ ἐφημερίδα; Ὄχι, δὲν εἶναι.
Αὐτὴ εἶναι ἀλεποῦ.

ἡ ἐφημερίδα
Εἶναι αὐτὴ ἡ ἀλεποῦ; Ὄχι, δὲν εἶναι.
Αὐτὴ εἶναι ἐφημερίδα

ORAL PRACTICE

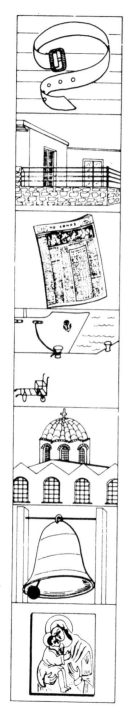

Εἶναι αὐτὴ μία ζώνη **ἢ** μία ἀλυσίδα;
Αὐτὴ εἶναι μία ζώνη.

Εἶναι αὐτὴ μία αἴθουσα ἢ βεράντα;
Εἶναι μία βεράντα.

Εἶναι αὐτὴ μία ἀλεποῦ ἢ ἐφημερίδα;
Εἶναι μία ἐφημερίδα.

Εἶναι αὐτὴ μία ἀποβάθρα ἢ βεράντα;
Αὐτὴ εἶναι μία ἀποβάθρα.

Εἶναι αὐτὴ μία ἐκκλησία ἢ ἕνα σπίτι;
Εἶναι μία ἐκκλησία.

Εἶναι αὐτὴ μία καμπάνα
ἢ ἕνα ἀεροπλάνο;
Εἶναι μία καμπάνα.

Εἶναι αὐτὸς ἕνας χάρτης
ἢ μία εἰκόνα;
Εἶναι μία εἰκόνα.

ἢ = or   compare ἡ = the (feminine)

Fill in the gaps.

1.— Εἶναι αὐτὴ . . : . εἰκόνα ἢ . . . . ἀεροπλάνο;
2.— Εἶναι . . . . μία ἐκκλησία. . μία καμπάνα;
3.— . . . . . αὐτὴ μία βεράντα . . . . . . ἀποβάθρα;
4.— Αὐτὴ . . . . μία ἁλυσίδα, δὲν . . . . . μία γάτα.
5.— Αὐτὴ δὲν εἶναι . . . . ἐφημερίδα, εἶναι μία ἀρκούδα.
6.— Αὐτὸς εἶναι . . . . . σταυρός. Δὲν εἶναι . . . .φακός.

Put the right word under each picture. Follow the example. e.g.

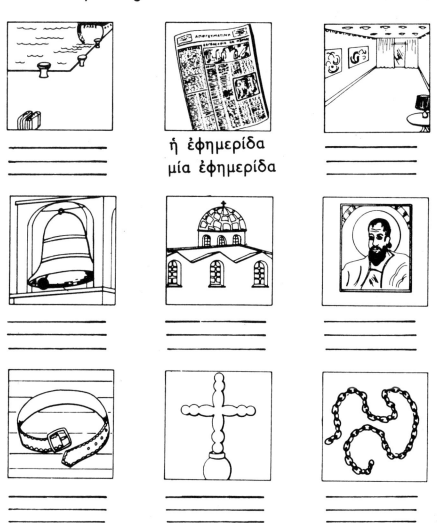

ἡ ἐφημερίδα
μία ἐφημερίδα

Ἐκείνη

ἡ γυναίκα

Ἐκείνη εἶναι μία γυναίκα.

Αὐτὴ

ἡ βέρα

Αὐτὴ εἶναι μία βέρα.

ἡ ἀγελάδα

Ἐκείνη εἶναι μία ἀγελάδα.

ἡ γαλοπούλα

Αὐτὴ εἶναι μία γαλοπούλα.

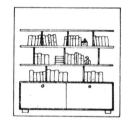

ἡ βιβλιοθήκη

Ἐκείνη εἶναι μία βιβλιοθήκη.

ἡ βρύση

Αὐτὴ εἶναι μία βρύση.

ἡ καμήλα

Ἐκείνη εἶναι μία καμήλα.

ἡ ζακέττα

Αὐτὴ εἶναι μία ζακέττα.

ἐκείνη = that (there)

Write the proper word, then read aloud.

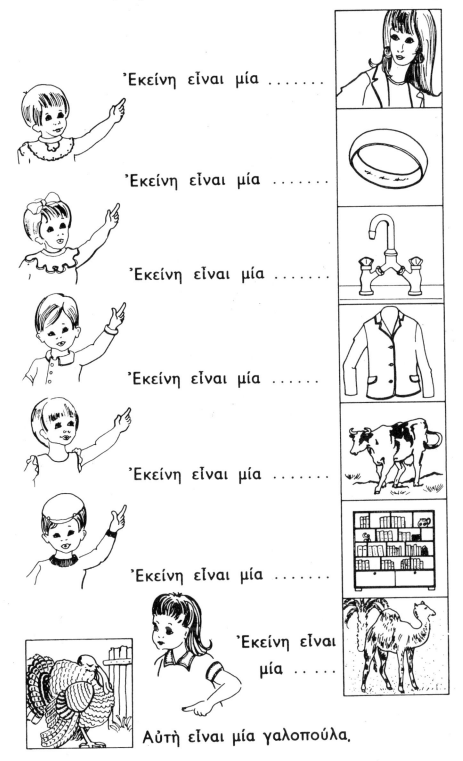

Ἐκείνη εἶναι μία . . . .

Ἐκείνη εἶναι μία . . . .

Ἐκείνη εἶναι μία . . . .

Ἐκείνη εἶναι μία . . . . . .

Ἐκείνη εἶναι μία . . . .

Ἐκείνη εἶναι μία . . . .

Ἐκείνη εἶναι μία . . . . .

Αὐτὴ εἶναι μία γαλοπούλα.

ἀλλὰ

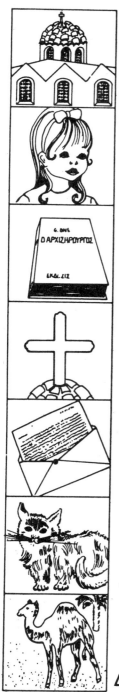

Εἶναι αὐτὴ μία γέφυρα;
Ὄχι δὲν εἶναι γέφυρα **ἀλλὰ** ἐκκλησία.

Δὲν εἶναι ἀγόρι ἀλλὰ κορίτσι.

Δὲν εἶναι θρανίο ἀλλὰ βιβλίο.

Δὲν εἶναι θρόνος ἀλλὰ σταυρός.

Δὲν εἶναι βάζο ἀλλὰ γράμμα.

Δὲν εἶναι ἀγελάδα ἀλλὰ γάτα.

Δὲν εἶναι ζέβρα ἀλλὰ καμήλα.

ἀλλὰ = but

ORAL PRACTICE

1.— Εἶναι ἐδῶ ἢ ἐκεῖ;
῎Οχι δὲν εἶναι ἐδῶ ἀλλὰ εἶναι ἐκεῖ.

2.— Εἶναι ἰατρὸς ἢ μαέστρος;
῎Οχι δὲν εἶναι ἰατρὸς ἀλλὰ μαέστρος.

3.— Εἶναι ἕνας μαθητὴς ἢ μία μαθήτρια;
῎Οχι δὲν εἶναι ἕνας μαθητὴς ἀλλὰ μία μαθήτρια.

4.— Εἶναι ψαρᾶς ἢ τσολιᾶς;
῎Οχι, δὲν εἶναι ψαρᾶς, ἀλλὰ τσολιᾶς.

5.— Εἶναι μία βεράντα ἢ μία ἀποβάθρα;
῎Οχι δὲν εἶναι μία βεράντα ἀλλὰ μία ἀποβάθρα.

Dictation

Αὐτὴ ἡ γυναίκα. ᾿Εκείνη ἡ γαλοπούλα. Αὐτὴ ἡ βέρα.
᾿Εκείνη ἡ βιβλιοθήκη. Αὐτὴ ἡ βρύση.
᾿Εκείνη ἡ ἀγελάδα. Αὐτὴ ἡ ζακέττα. ᾿Εκείνη ἡ καμήλα.
Δὲν εἶναι ἐδῶ ἀλλὰ ἐκεῖ.

τὸ μῆλο **τὰ** μῆλα

ἕνα μῆλο δύο μῆλα

τὸ λεμόνι τὰ λεμόνια

ἕνα λεμόνι τρία λεμόνια

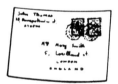
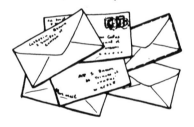

τὸ γράμμα

ἕνα γράμμα τὰ γράμμα**τα**

Α	ΑΒ	ΑΒΓ	ΑΒΓΔ

ἕνα δύο τρία τέσσερα

γράμμα γράμματα γράμματα γράμματα

τὸ θρανίο

ἕνα θρανίο

τὰ θρανία

πέντε θρανία

τὰ = the (neuter-plural)

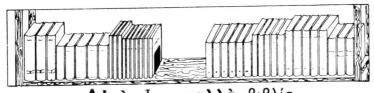

Αὐτὰ εἶναι **πολλὰ** βιβλία.

τὰ φροῦτα

Πολλὰ φροῦτα.

'Εκεῖνα εἶναι πολλὰ λεμόνια.

Αὐτὰ εἶναι πολλὰ μῆλα.

'Εκεῖνα εἶναι πολλὰ δένδρα.

Αὐτὰ εἶναι πολλὰ κλειδιὰ.

'Εκεῖνα εἶναι πολλὰ ἀεροπλάνα.

Αὐτὰ εἶναι πολλὰ παιδιὰ.

COPY

Τὰ μῆλα. Τὰ λεμόνια. Τὰ γράμματα. Τὰ φροῦτα.

Αὐτὰ εἶναι πολλὰ φροῦτα. 'Εκεῖνα εἶναι πολλὰ βιβλία.

αὐτὰ = these (neuter)   πολλὰ = many (neuter)

ἐκεῖνα = those (neuter)

ORAL PRACTICE

Τὸ τηλέφωνο
ἕνα τηλέφωνο

Τὰ τηλέφωνα
πολλὰ τηλέφωνα

τὸ σπίτι
ἕνα σπίτι

τὰ σπίτια
πολλὰ σπίτια

τὸ χέρι
ἕνα χέρι

τὰ χέρια
δύο χέρια

τὸ φόρεμα
ἕνα φόρεμα

τὰ φορέματα
πολλὰ φορέματα

τὸ ψάρι
ἕνα ψάρι

τὰ ψάρια
πολλὰ ψάρια

FILL IN THE BLANKS

  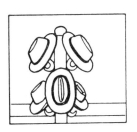

Αὐτὰ εἶναι πολλὰ

. . . .

Ἐκεῖνα εἶναι πολλὰ

. . . .

Αὐτὰ εἶναι πολλ..

. . . .

Ἐκεῖν.. εἶναι πολλ..

. . . . .

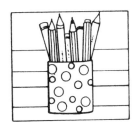  

Αὐτὰ . . . . . πολλὰ

. . . .

Ἐκεῖν. εἶναι . . . . . .
ἐλάφια

DICTATION

Τὰ ψάρια. Τὰ φορέματα.
Τὰ χέρια. Τὰ σπίτια. Τὰ τηλέφωνα. Τὰ μῆλα.
Τὰ λεμόνια. Τὰ γράμματα. Τὰ θρανία. Τὰ βιβλία.
Τὰ δολλάρια. Αὐτὰ τὰ πακέτα. Ἐκεῖνα τὰ κλειδιά.
Αὐτὰ τὰ δένδρα. Ἐκεῖνα τὰ ἀεροπλάνα.

PICTURE PRACTICE

Question: Τί εἶναι ὁ ἀριθμὸς ἕνα:
Answer: Ὁ ἀριθμὸς ἕνα εἶναι μία..........

Put the article

ὁ	ἡ	τό
π.χ. . . τηλέφωνο	. . τσολιᾶς	. . πύργος
. . ταῦρος	. . ὑποβρύχιο	. . γυναίκα
. . βιβλιοδέτης	. . βέρα	. . ὠκεανός
. . φόρεμα	. . μαέστρος	. . καμπάνα
. . τοῖχος	. . ἀγελάδα	. . μῆλο
. χέρι	. . ψάρι	. . ζώνη
. . στυλογράφος	. . ζακέττα	. . ζέβρα
. . ἐφημερίδα	. . λεμόνι	. . καμήλα
. . βρύση	. . βάρκα	. . ἀρκούδα
. . πύργος	. . γαλοπούλα	. . ἐκκλησία

Turn to plural

e.g.   τὸ μῆλο τὰ μῆλα

1.- τὸ λεμόνι   . . . .
2.- τὸ ψάρι   . . . .
3.- τὸ τραπέζι   . . . .
4.- τὸ ἄγαλμα   . . . .
5.- τὸ κλειδὶ   . . . .
6.- τὸ λεξικὸ   . . . .
7.- τὸ ξυραφάκι   . . . .
8.- τὸ θερμόμετρο   . . . .
9.- τὸ κορίτσι   . . . .

DICTATION

Αὐτὰ ἐδῶ τὰ γράμματα. Ἐκεῖνα ἐκεῖ τὰ δένδρα.
Ἐκεῖνα τὰ βάζα. Αὐτὰ τὰ δολλάρια.

Ask and answer

Question:　Τί εἶναι ὁ ἀριθμὸς δέκα ἐννέα;

Answer: Ὁ ἀριθμὸς δέκα ἐννέα εἶναι φροῦτα.

Write the corresponding
Greek word next to each number.

21.- . . . .　　31.- . . . .

22.- . . . .　　32.- . . . .

23.- . . . .　　40.- . . . .

24.- . . . .　　41.- . . . .

25.- . . . .　　42.- . . . .

30.- . . . .　　50.- . . . .

Put the indefinite article
ἕνας, μία, ἕνα before each noun as required.
π.χ. ἕνας πύργος.

.... γυναίκα
.... τοῖχος
.... γέφυρα
.... εἰκόνα
.... τσολιᾶς
.... βεράντα
.... πύργος
.... ζακέττα.
.... καμπάνα
.... μαθήτρια

.... ἐκκλησία
.... ταῦρος
.... βούρτσα
.... βρύση
.... ἀλεποῦ
.... στυλογράφος
.... καρέκλα
.... ψάρι
.... μαέστρος
.... ζώνη.

ORAL PRACTICE
Answer in the negative.
e.g. Εἶναι αὐτὴ μία βρύση;
῍Οχι δὲν εἶναι.

1.- Εἶναι αὐτὸ ἕνα τηλέφωνο;

2.- Εἶναι ἐκείνη μία γυναίκα;

3.- Εἶναι αὐτὸς ὁ μαέστρος;

4.- Εἶναι αὐτὰ φροῦτα;

5.- Εἶναι ἐκεῖνα μῆλα;

Ask again and answer with Ναί. Follow the example

e.g. Εἶναι αὐτὴ μία βρύση;

Ναί, εἶναι

....
....
....
....
....
....

Substitute αὐτὰ for ἐκεῖνα.

Αὐτὰ εἶναι μῆλα.   Αὐτὰ εἶναι ψάρια.
Αὐτὰ εἶναι φροῦτα. Αὐτὰ εἶναι ὑποβρύχια.
Αὐτὰ εἶναι λεμόνια.

Substitute ἐκείνη for αὐτὴ.

Ἐκείνη εἶναι μία γυναίκα.
Ἐκείνη εἶναι μία ἐφημερίδα.
Ἐκείνη εἶναι μία βάρκα.
Ἐκείνη εἶναι μία γάτα.
Ἐκείνη εἶναι μία ἐκκλησία.

Complete the questions.

1.- Εἶναι αὐτὸς ἕνας . . . . ;
2.- Εἶναι ἐκείνη μία . . . . ;
3.- Εἶναι αὐτὰ πολλὰ . . . . ;
4. Εἶναι ἐκεῖνος ἕνας . . . . ;
5.- Εἶναι ἐκεῖνα . . . . ;

Put the missing word : ἢ or ἀλλὰ or τότε

1.- Εἶναι γάτα .. ἀλεποῦ;
    Δὲν εἶναι ἀλεποῦ . . . . γάτα.
2.- Εἶναι ἰατρὸς .. μαέστρος;
    Δὲν εἶναι μαέστρος . . . . ἰατρὸς
3.- Εἶναι πόρτα ἢ παράθυρο;
    Δὲν εἶναι παράθυρο . . . . πόρτα.
4. Δὲν εἶναι λεξικὸ . . . . . τί εἶναι;
5.- Δὲν εἶναι ἐκκλησία . . . . τὶ εἶναι;

τὸ σῦκο
ἔνα σῦκο

τὰ σῦκα
πολλὰ σῦκα

τὸ πορτοκάλλι
ἔνα πορτοκάλλι

τὰ πορτοκάλλια
τρία πορτοκάλλια

τὸ πεπόνι
ἔνα πεπόνι

τὰ πεπόνια
δύο πεπόνια

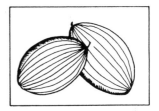

τὸ καρπούζι
ἔνα καρπούζι

τὰ καρπούζια
τέσσερα καρπούζια

τὸ ροδάκινο
ἔνα ροδάκινο
τὰ ροδάκινα
πολλὰ ροδάκινα

Πόσα μῆλα εἶναι αὐτά;
Αὐτὰ εἶναι τρία μῆλα.

Πόσα λεμόνια εἶναι αὐτά;
Αὐτὰ εἶναι τέσσερα λεμόνια.

Πόσα ροδάκινα εἶναι αὐτά;
Αὐτὰ εἶναι πέντε ροδάκινα.

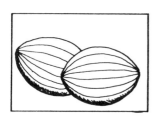

Πόσα πεπόνια εἶναι αὐτά;
Αὐτὰ εἶναι δύο πεπόνια.

Πόσα πορτοκάλλια εἶναι ἐκεῖνα;
Ἐκεῖνα εἶναι πολλὰ πορτοκάλλια.

Πολλὰ φροῦτα.

πόσα; = how many? (neuter)

ἕνα **ἀχλάδι**

δύο ἀχλάδια

τὸ ἀχλάδι
τὰ ἀχλάδια
πόσα ἀχλάδια;
πολλὰ ἀχλάδια

τὸ βατράχι
τὰ βατράχια
πόσα βατράχια;
πολλὰ βατράχια.

ἕνα **βατράχι**

δύο βατράχια

τὸ καράβι
τὰ καράβια
πόσα καράβια;
πολλὰ καράβια.

καράβι

καράβια

DICTATION:

Πόσα φροῦτα; Πολλὰ φροῦτα. Τρία σῦκα. Δύο πορτοκάλλια.
Τέσσερα πεπόνια. Πέντε καρπούζια. Πολλὰ ροδάκινα.
Πόσα καράβια; Τρία βατράχια. Δύο ἀχλάδια.

FILL IN THE BLANKS

Αὐτὰ εἶναι πολλὰ

. . . .

Ἐκεῖνα εἶναι δύο

. . . .

Αὐτὰ εἶναι τρία

. . . .

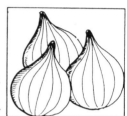

Ἐκεῖνα εἶναι

. . . . . σῦκα

Τὰ ἀχλάδια, τὰ πεπόνια
τὰ ροδάκινα εἶναι . . . . . .

Πολλὰ

. . . .

. . . .

βατράχι

Αὐτὸ εἶναι

. . . .

. . . .

Πολλὰ

. . . . . .

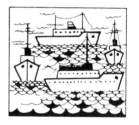

Put the article, then turn to plural.

e.g. τὸ σῦκο τὰ σῦκα

1.- ... πεπόνι . . . .   5.- ,... ἀχλάδι . . . .

2.- ... πορτοκάλλι . . . . .   6.- ... βατράχι . . . . . .

3.- ... καρπούζι . . . . . .   7.- ... καράβι . . . . . .

4.- ... ροδάκινο . . . . . .   8.- ... φροῦτο . . . .

Ἐγὼ   Ἐγὼ   Ἐγὼ   Ἐγὼ

Ἐγὼ **ἔχω** ἕνα βιβλίο.   Ἐγὼ ἔχω ἕνα μῆλο.
Ἔχω ἕνα βιβλίο.   Ἔχω ἕνα μῆλο.

Ἐγὼ ἔχω ἕνα καπέλλο.   Ἐγὼ ἔχω ἕνα πακέτο.
Ἔχω ἕνα καπέλλο.   Ἔχω ἕνα πακέτο.

(Ἐγὼ) ἔχω ἕνα βιβλίο.
ἔχω ἕνα καράβι.
ἔχω ἕνα μολύβι.
ἔχω μία γάτα.
ἔχω μία βιβλιοθήκη.

Ἐγὼ = I   N.B. Ἐγὼ ἔχω = ἔχω
ἔχω = I have

Ἡ οἰκογένειά μου

ὁ πατέρας
ὁ πατέρας μου
Ἔχω ἕνα πατέρα.
Αὐτὸς εἶναι ὁ πατέρας μου.

ἡ μητέρα
ἡ μητέρα μου
Ἔχω μία μητέρα.
Αὐτὴ εἶναι ἡ μητέρα μου.

ἡ ἀδελφὴ
ἡ ἀδελφή μου
Ἔχω μία ἀδελφή.
Αὐτὴ εἶναι ἡ ἀδελφή μου.

ὁ ἀδελφὸς
ὁ ἀδελφός μου
Ἔχω ἕνα ἀδελφὸ.
Αὐτὸς εἶναι ὁ ἀδελφός μου.

Ἡ οἰκογένειά μου

ὁ πατέρας μου, ἡ μητέρα μου, ὁ ἀδελφός μου,
ἡ ἀδελφή μου, ἐγώ.

ἡ οἰκογένειά μου = my family   μου = my
ὁ πατέρας = the father   ἡ μητέρα = the mother
ἡ ἀδελφὴ = the sister   ὁ ἀδελφὸς = the brother

ὁ παπποῦς

ὁ παπποῦς μου

ἡ γιαγιὰ

ἡ γιαγιά μου

COPY

(Ἐγὼ) Ἔχω ἕνα πατέρα

Ἔχω μία μητέρα.

Ἔχω μία ἀδελφὴ.

Ἔχω ἕνα ἀδελφὸ.

Ἔχω ἕνα παπποῦ.

Ἔχω μία γιαγιά.

Ἔχω μία οἰκογένεια.

ORAL DRILL

Αὐτὸς εἶναι ὁ πατέρας μου.

Τί εἶναι αὐτός;

Αὐτὸς εἶναι ὁ πατέρας μου.

Εἶναι αὐτὸς ὁ πατέρας μου;

Ναί, αὐτὸς εἶναι ὁ πατέρας μου.

Ἔχω ἕνα πατέρα.

Αὐτὴ εἶναι ἡ μητέρα μου.

Τί εἶναι αὐτή;

Αὐτὴ εἶναι ἡ μητέρα μου

Εἶναι αὐτὴ ἡ μητέρα μου;

Ναί, αὐτὴ εἶναι ἡ μητέρα μου.

Ἔχω μία μητέρα.

ὁ παππποῦς = the grandfather

ἡ γιαγιὰ = the grandmother

FILL IN THE MISSING WORDS

ή ἀδελφὴ

Αὐτὴ εἶναι ἡ ἀδελφὴ ....
Ἐγὼ .... μία ἀδελφὴ.

ὁ ἀδελφὸς

Αὐτὸς εἶναι ὁ ἀδελφὸς ....
Ἐγὼ ... ἕνα ἀδελφὸ.

ὁ παπποῦς

Αὐτὸς εἶναι ὁ .... μου.
Ἔχω ἕνα ....

ἡ γιαγιὰ

Αὐτὴ εἶναι ἡ γιαγιά ...
Ἔχω μία ......

Ἡ οἰκογένειά μου

Αὐτὴ εἶναι ἡ ....
.....
Ἔχω ἕνα ....
Ἔχω μία ....
Ἔχω ἕνα ....
Ἔχω μία ....
Ἔχω ἕνα ....
Ἔχω μία ....

DICTATION

Αὐτὴ εἶναι ἡ οἰκογένειά μου. Ἐκείνη εἶναι ἡ ἀδελφή
μου. Ἔχω ἕνα ἀδελφό. Ἔχω μία ἀδελφή. Ἔχω ἕνα
παπποῦ. Ἔχω μία γιαγιά. Ἔχω πατέρα Ἔχω μητέρα.

ὁ Γιάννης

Αὐτὸς

ἡ Μαρία

Αὐτὴ

τὸ σκυλὶ

αὐτὸ

τὸ ποδήλατο

Ὁ Γιάννης **ἔχει** ἕνα ποδήλατο.

Αὐτὸς ἔχει ἕνα ποδήλατο.

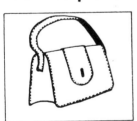

ἡ τσάντα

Ἡ Μαρία ἔχει μία τσάντα.

τὸ σκυλὶ   ἡ οὐρὰ

Αὐτὸ εἶναι ἕνα σκυλὶ.

Ἔχει μία οὐρά.

σελὶς ἑξῆντα ἐννέα (69)

ὁ πατέρας μου

τὸ παιδὶ
ἕνα παιδὶ

τὰ παιδιὰ
δύο παιδιὰ

τρία παιδιὰ :

πολλὰ παιδιὰ

Ὁ πατέρας μου ἔχει
τρία παιδιά.
Πόσα παιδιὰ ἔχει
ὁ πατέρας μου;

Ὁ πατέρας μου ἔχει τρία παιδιά, ἕνα κορίτσι
καὶ δύο ἀγόρια.

Ἡ ἐκκλησία
Αὐτὴ ἡ ἐκκλησία ἔχει μία καμπάνα.
Τί ἔχει; Ἔχει μία καμπάνα.

Πόσα παράθυρα ἔχει
αὐτὸ τὸ σπίτι;

Ἔχει πολλα παράθυρα.

Αὐτὸ τὸ σπίτι ἔχει
μία πόρτα καὶ τρία
παράθυρα.

τὸ παιδὶ = the child
τὰ παιδιὰ = the children
καὶ = and

τὸ αὐτοκίνητο
ἕνα αὐτοκίνητο

Ὁ ἄνδρας
Ἕνας ἄνδρας

Αὐτὸς ὁ ἄνδρας
ἔχει ἕνα αὐτοκίνητο.
Αὐτὸς ἔχει ἕνα αὐτοκίνητο.
Ὁ ἄνδρας ἔχει ἕνα αὐτοκίνητο.
Ἔχει ἕνα αὐτοκίνητο. Τί ἔχει; Ἔχει ἕνα αὐτοκίνητο.

τὸ μωρὸ

Αὐτὴ ἡ γυναίκα εἶναι μητέρα.
Ἔχει ἕνα μωρό.

ἡ κούκλα

Τί ἔχει αὐτὸ τὸ κορίτσι;
Ἔχει μία κούκλα.

ἡ μπάλα

ὁ ἄνδρας = the man
τὸ μωρὸ = the baby

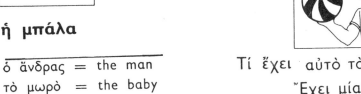

Τί ἔχει αὐτὸ τὸ ἀγόρι;
Ἔχει μία μπάλα.

PICTURE PRACTICE

Ask and answer.

Τί ἔχει ὁ Γιάννης;
Ἔχει ἕνα ποδήλατο.

_____
_____

_____

_____

_____

_____

_____

_____

_____

_____

_____

_____

_____

_____

_____

_____

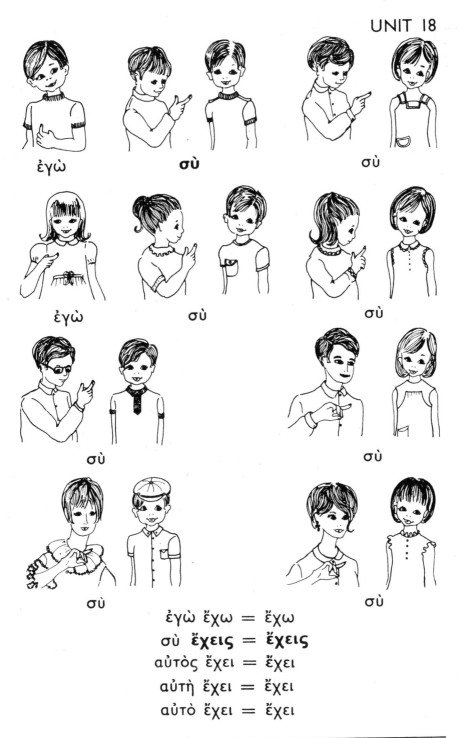

ἐγὼ   σὺ   σὺ

ἐγὼ   σὺ   σὺ

σὺ   σὺ

σὺ   σὺ

ἐγὼ ἔχω = ἔχω
σὺ ἔχεις = ἔχεις
αὐτὸς ἔχει = ἔχει
αὐτὴ ἔχει = ἔχει
αὐτὸ ἔχει = ἔχει

σὺ = you. Familiar. It refers to one person, e.g. father, mother brother, sister, a school friend etc.

ἔχεις = have. In relation to σὺ

Τί ἔχεις;
Ἔχω μία κούκλα.

Τί ἔχεις;
Ἔχω ἕνα ποδήλατο.

Τὶ ἔχεις;
Ἔχω ἕνα μωρό.

Τί ἔχεις;
Ἔχω ἕνα σκυλί.

Τὶ ἔχεις;
Ἔχω ἕνα αὐτοκίνητο.

Τὶ ἔχεις;
Ἔχω μία τσάντα.

ἔχω   δὲν ἔχω
ἔχεις   δὲν ἔχεις
ἔχει   δὲν ἔχει

Ἔχεις ἕνα βιβλίο;
Ὄχι, δὲν ἔχω ἕνα βιβλίο.

Ἔχεις μία κούκλα;
Ναί, ἔχω μία κούκλα.

Ἔχεις ἕνα μῆλο;
Ὄχι, δὲν ἔχω ἕνα μῆλο.
Τὶ ἔχεις τότε;
Ἔχω ἕνα πορτοκάλλι.

Ἔχεις ἕνα αὐτοκίνητο;
Ὄχι, δὲν ἔχω ἕνα αὐτοκίνητο.
Τὶ ἔχεις τότε;
Ἔχω ἕνα ποδήλατο.

Ἔχεις ἕνα ἀεροπλάνο;
Ὄχι, δὲν ἔχω ἕνα ἀεροπλάνο.
Τὶ ἔχεις τότε;
Ἔχω ἕνα αὐτοκίνητο.

DICTATION

Ἐγὼ ἔχω ἕνα αὐτοκίνητο. Ἔχει μία μπάλα. Ἔχεις μία τσάντα; Ὄχι, δὲν ἔχω. Τί ἔχεις; Ἔχω ἕνα ποδήλατο.

Ask and answer

Τὶ ἔχεις;

Ἔχω......

——————————
——————————

——————————
——————————

——————————
——————————

——————————
——————————

——————————
——————————

——————————
——————————

——————————
——————————

——————————
——————————

——————————
——————————

Ἐγὼ **εἶμαι** ἕνα ἀγόρι.
Εἶμαι ἀγόρι.

Ἐγὼ εἶμαι ἕνα κορίτσι.
Εἶμαι κορίτσι.

Ἐγὼ εἶμαι ἕνας μαθητής.
Εἶμαι μαθητής.

Ἐγὼ εἶμαι μία **μαθήτρια.**
Εἶμαι μαθήτρια.

Τὸ Ἑλληνόπουλο
Ἕνα Ἑλληνόπουλο
Ἐγὼ εἶμαι ἕνα
Ἑλληνόπουλο.

Τὸ Ἑλληνοαμερικανόπουλο
Ἕνα Ἑλληνοαμερικανόπουλο
Ἐγὼ εἶμαι Ἑλληνοαμερικανόπουλο.

Καὶ ἐγὼ εἶμαι ἕνα **Ἑλληνόπουλο
τοῦ ἐξωτερικοῦ.**

Καὶ ἐγὼ εἶμαι ἕνα Ἑλληνόπουλο τοῦ ἐξωτερικοῦ.

Εἶμαι = I am = Ἐγὼ εἶμαι
ἡ μαθήτρια = the pupil, the student (fem.)
τὸ Ἑλληνόπουλο = the Greek boy or girl
τὸ Ἑλληνοαμερικανόπουλο = the Greek-American (boy or girl)
Ἑλληνόπουλο τοῦ ἐξωτερικοῦ = a boy or girl of Greek origin.

Ἐγὼ εἶμαι ἕνας **δάσκαλος.**
Εἶμαι ἕνας δάσκαλος.
Εἶμαι δάσκαλος.

Ἐγὼ εἶμαι μία **δασκάλα**
Εἶμαι μία δασκάλα
Εἶμαι δασκάλα.

ὁ δάσκαλος
ἡ δασκάλα.

Σὺ **εἶσαι** ἕνα ἀγόρι.
Εἶσαι ἕνα ἀγόρι.
Εἶσαι ἀγόρι.

Σὺ εἶσαι ἕνα κορίτσι.
Εἶσαι ἕνα κορίτσι.
Εἶσαι κορίτσι.

— Γιάννη, τὶ εἶσαι;
— Εἶμαι ἕνα ἀγόρι.

— Μαρία τὶ εἶσαι;
— Εἶμαι ἕνα κορίτσι.

ὁ δάσκαλος = the elementary school teacher (masc.)
ἡ δασκάλα = the elementary school teacher (fem.)

ὁ καλὸς

ὁ καλὸς μαθητὴς

ὁ κακὸς

ὁ κακὸς μαθητὴς

ἡ καλὴ

ἡ καλὴ μαθήτρια

ἡ κακὴ

ἡ κακὴ μαθήτρια

— Εἶσαι καλὴ μαθήτρια;

Ναί, εἶμαι καλὴ μαθήτρια.

— Εἶσαι ἕνας κακὸς μαθητής;

Ὄχι, δὲν εἶμαι ἕνας κακὸς μαθητής.

Εἶμαι ἕνας καλὸς μαθητής.

Ἐγὼ	εἶμαι	=	εἶμαι
σὺ	εἶσαι	=	εἶσαι
αὐτὸς	εἶναι	=	εἶναι
αὐτὴ	εἶναι	=	εἶναι
αὐτὸ	εἶναι	=	εἶναι

ὁ καλὸς = the good (masc.)
ὁ κακὸς = the bad (masc.)
ἡ καλὴ = the good (fem.)
ἡ κακὴ = the bad (fem.)

Answer.

Τί εἶσαι;
Εἶμαι ἕνα Ἑλληνόπουλο τοῦ......

Τί εἶσαι;

. . . .

Τί εἶσαι ;

. . . .

Τί μαθητὴς εἶσαι; καλὸς ἢ κακὸς;

. . . .

Εἶσαι μία καλὴ μαθήτρια;

Ναί, ...

ORAL EXERCISE

π.χ. Εἶμαι ἕνας καλὸς μαθητής.
Δὲν εἶμαι ἕνας καλὸς μαθητής.

1. Εἶναι μία καλὴ μαθήτρια.
2. Εἶναι ἕνα καλὸ παιδὶ
3. Εἶναι ἡ ἀδελφή μου.
4. Εἶναι ἡ γιαγιά μου.

DICTATION

Εἶσαι ἕνα καλὸ κορίτσι; Εἶσαι καλὴ μαθήτρια;
Ἐγὼ εἶμαι ὁ δάσκαλος καὶ ἐκείνη ἡ δασκάλα.

Write under each group the proper name in the plural.

Don't forget the article.

  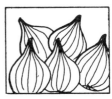

τὰ φροῦτα   . . . .

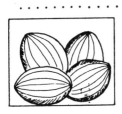 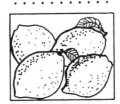 

. . . .

. . . .

. . . .

Write the answers:

1. Πόσα βατράχια εἶναι αὐτά;

   Αὐτὰ . . . .

2. Πόσα καράβια εἶναι αὐτά;

   . . . .

3. Τί εἶναι τὰ ροδάκινα, τὰ σῦκα,
   τὰ ἀχλάδια καὶ τὰ πορτοκάλλια;
   Εἶναι. . . . .

DICTATION

Αὐτὰ εἶναι ροδάκινα,
ἐκεῖνα εἶναι σῦκα. Τὰ καρπούζια, τὰ πεπόνια,
τὰ πορτοκάλλια καὶ τὰ λεμόνια εἶναι φροῦτα.

σελὶς ὀγδόντα ἕνα (81)

Write a) Five questions with εἶμαι.

π.χ. Εἶμαι ἔνας ψαρᾶς;

1.- ....
2.- ....
3.- ....
4.- ....
5.- ....

b) Five questions with εἶσαι.

π.χ. Εἶσαι καλὸς μαθητής;

1.- ....
2.- ....
3.- ....
4.- ....
5.- ....

c) Five questions with εἶναι;

π.χ. Εἶναι ἐκεῖνο ἔνα καράβι;

1.- ....
2.- ....
3.- ....
4.- ....
5.- ....

Say: Turn all above questions to negative.

π.χ. Δὲν εἶμαι ἔνας ψαρᾶς;

Δὲν εἶσαι καλὸς μαθητής;

Δὲν εἶναι ἐκεῖνο ἔνα καράβι;

? = ;

 Ask and answer  Ἔχω μία κούκλα

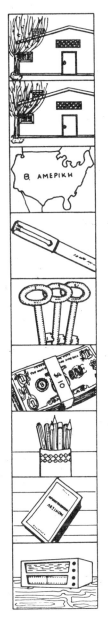

1.- Τὶ ἔχεις;
Ἔχω ἕνα σπίτι.

2.- Πόσα παράθυρα ἔχει;

. . . .

3.- Ἔχεις ἕνα χάρτη;

. . . .

4.- Ἔχεις ἕνα στυλογράφο;

. . . .

5.- Πόσα κλειδιὰ ἔχεις;

. . . .

6.- Πόσα δολλάρια ἔχεις;

. . . .

7.- Ἔχεις πολλὰ μολύβια;

. . . .

8.- Ἔχεις ἕνα λεξικό;

. . . .

9.- Ἔχεις ἕνα ράδιο;

. . . .

Answer in written

Ἔχει ἡ ἐκκλησία μία καμπάνα;
Ναί, ἡ ἐκκλησία ἔχει μία καμπάνα.

Τὶ ἔχει τὸ ἀγόρι;

. . . .

Τὶ ἔχει ἡ βιβλιοθήκη;

. . . .

Πόσα χέρια ἔχει ἡ κούκλα;

. . . .

Ἔχει ὁ Γιάννης μία ἀδελφή;

. . . .

Ἔχει τὸ σκυλὶ μία ἐφημερίδα;

. . . .

Ἔχει αὐτὸς ὁ ἄνδρας ἕνα αὐτοκίνητο;

. . . .

C O P Y: Ἐγὼ ἔχω δύο ἀεροπλάνα. Ὁ πατέρας μου ἔχει ἕνα αὐτοκίνητο. Ἡ μητέρα μου ἔχει μία ˌσάντα. Ἡ ἀρκούδα ἔχει μία οὐρά. Ἡ ἀδελφή μου ἔχει μία κούκλα. Ὁ ἀδελφός μου ἔχει μία μπάλα.

Put them in the right word order.

π.χ. δύο
εἶναι
Αὐτὰ
πορτοκάλλια

Αὐτὰ εἶναι δύο πορτοκάλλια.

1) αὐτό;
Τἰ
εἶναι

2) μῆλα
Πόσα
ἔχεις;

3) βιβλία
Ἔχω
τρία

4) ναύτης
Εἶσαι
ἰατρός;
ἤ

5) γιαγιὰ
Αὐτὴ
εἶναι
ἡ

6) ἔχω
Δὲν
ποδήλατο
ἔνα

7) ἡ γυναίκα
μητέρα
εἶναι
Αὐτή

8) σῦκα
Τὰ
φροῦτα
εἶναι

9) Ἡ γάτα
μία
ἔχει
οὐρὰ

10) καλὰ
Αὐτὰ
εἶναι
παιδιά

11) μία
Ναί,
ἀδελφὴ
ἔχω

12) εἶναι
Δὲν
μαθήτρια
κακὴ

π.χ. = e.g.

ἐμεῖς

ἐμεῖς

ἐμεῖς

Ἐμεῖς **εἴμαστε** κορίτσια.

Ἐμεῖς εἴμαστε ἀγόρια.

ἐμεῖς
Ἐμεῖς εἴμαστε μαθήτριες.

ἐμεῖς
Ἐμεῖς εἴμαστε μαθηταί.

Τὶ **εἶστε σεῖς** ;

Εἴμαστε μαθηταί.

Τὶ εἶστε σεῖς;

Εἴμαστε μαθήτριες.

Ἐμεῖς = we
Εἴμαστε = are
Ἐμεῖς εἴμαστε = εἴμαστε
Τί εἶστε σεῖς = what are you?

Αὐτὰ τὶ **εἶναι** ;
Αὐτὰ εἶναι μῆλα.
Εἶναι μῆλα.

'Εκεῖνα τὶ εἶναι:
'Εκεῖνα εἶναι βιβλία.
Εἶναι βιβλία.

ἐμεῖς εἴμαστε = εἴμαστε
σεῖς εἶστε = εἶστε
αὐτοὶ εἶναι = εἶναι

Ποῦ εἶναι τὰ μῆλα;
Εἶναι **ἐπάνω στὸ** τραπέζι.

Ποῦ εἶναι τὰ βιβλία;
Εἶναι ἐπάνω στὸ θρανίο.

— Τὶ εἶναι ἐπάνω στὸ τραπέζι;

— 'Επάνω στὸ τραπέζι εἶναι **μερικὰ** μῆλα.

— Τὶ εἶναι ἐπάνω στὸ θρανίο;

— 'Επάνω στὸ θρανίο εἶναι μερικὰ βιβλία.

Τὸ μολύβι εἶναι ἐπάνω
στὸ βιβλίο.

'Η γάτα εἶναι ἐπάνω
στὸ παράθυρο.

εἶναι = it is, he is, she is, they are
ποῦ = where
ἐπάνω = on
στὸ = εἰς τὸ = on the
μερικὰ = some

Answer using ἐπάνω στὸ

Ποῦ εἶναι τὸ ἄγαλμα;

. . . .

Ποῦ εἶναι τὸ κορίτσι;

. . . .

Ποῦ εἶναι τὸ βάζο;

. . . .

Translate into Greek.

I am a teacher.

. . . .

I am a teacher.

. . . .

You are a boy.

. . . .

You are a girl.

. . . .

He is a student.

. . . .

She is a good student.

. . . .

It's a dog.

. . . .

We are a family .

. . . .

You are John and Mary.

. . . .

They are not apples. They are pears.

. . . .

DICTATION

Ἐμεῖς εἴμαστε ἐδῶ. Ἐκεῖνοι εἶναι ἐκεῖ. Τί εἶναι αὐτοί;
Τί εἶστε σεῖς; Δὲν εἶναι φροῦτα. Αὐτὰ εἶναι μερικὰ
πορτοκάλλια καὶ σῦκα.

Τί εἶναι αὐτό;

Αὐτὸ εἶναι ἕνα σχολεῖο.

Τί σχολεῖο εἶναι;

Εἶναι ἕνα **ἀμερικανικὸ*** σχολεῖο.

τὸ σχολεῖο

Ἡ ἐκκλησία   Τὸ σχολεῖο

Αὐτὴ εἶναι ἡ ἐκκλησία.   Τί εἶναι αὐτό;

Ἡ ἑλληνικὴ ἐκκλησία.   Εἶναι τὸ ἑλληνικὸ σχολεῖο.

Ποῦ εἶναι τὸ ἑλληνικὸ σχολεῖο;

Τὸ ἑλληνικὸ σχολεῖο εἶναι **δίπλα ἀπὸ** τὴν ἐκκλησία.

Ποῦ εἶναι ἡ ἑλληνικὴ ἐκκλησία;

Ἡ ἑλληνικὴ ἐκκλησία εἶναι δίπλα ἀπὸ τὸ
ἑλληνικὸ σχολεῖο.

Τὸ σχολεῖο εἶναι δίπλα ἀπὸ τὴν ἐκκλησία

Ἡ ἐκκλησία εἶναι δίπλα ἀπὸ τὸ σχολεῖο.

Τί εἶναι δίπλα ἀπὸ τὴν ἐκκλησία;

Τὸ ἑλληνικὸ σχολεῖο.

Τί εἶναι δίπλα ἀπὸ τὸ σχολεῖο;

Ἡ ἐκκλησία.

τὸ σχολεῖο = the school

Ἀμερικανικός, ή, ὁ = American (adj.)

Ἑλληνικός, ή, ὁ = Greek (adj.)

δίπλα ἀπὸ = next to

* Ἀγγλικὸς, ή, ὁ = English (adj.)

* Γαλλικός, ή, ὁ = French (adj.)

Τὸ ποδήλατο εἶναι δίπλα ἀπὸ τὸ παιδί.

Ἡ καρέκλα εἶναι δίπλα ἀπὸ τὴν λάμπα.

Τὸ βιβλίο εἶναι δίπλα ἀπὸ τὸ βάζο.

Τί εἶναι δίπλα ἀπὸ τὸ κορίτσι; Ἕνα ἀγόρι εἶναι δίπλα ἀπὸ τὸ κορίτσι.

Τί εἶναι δίπλα ἀπὸ τὸ ἀγόρι;
Δίπλα ἀπὸ τὸ ἀγόρι εἶναι ἕνα κορίτσι.
Τὸ κορίτσι εἶναι δίπλα ἀπὸ τὸ ἀγόρι.
Τὸ ἀγόρι εἶναι δίπλα ἀπὸ τὸ κορίτσι.

FILL IN THE MISSING WORDS

Αὐτὴ εἶναι ἡ ...... ἐκκλησία. Ἡ ἑλληνικὴ ἐκκλησία εἶναι ....τὸ ἑλληνικὸ σχολεῖο. Τὸ ἑλληνικὸ .... εἶναι δίπλα ... τὴν ἑλληνικὴ .... Τὸ ποδήλατο ..... δίπλα ... τὸ παιδί. Ἡ καρέκλα εἶναι ...... ἀπὸ τὴν λάμπα. Τὸ ἀγόρι εἶναι .... τὸ κορίτσι. Τὸ ...... εἶναι δίπλα ἀπὸ τὸ ......

Ἡ ἡμέρα

		MAY				
SUNDAY	MONDAY	TUESDAY	WEDNESDAY	THURSDAY	FRIDAY	SATURDAY
1	2	3	4	5	6	7

Κάθε ἡμέρα

Κάθε πρωΐ
Κάθε ἡμέρα

Τὸ πρωΐ

Κάθε ἡμέρα **πηγαίνω** στὸ Ἀμερικανικὸ σχολεῖο.

Κάθε ἡμέρα τὸ πρωΐ πηγαίνω στὸ Ἀγγλικὸ σχολεῖο.

Πηγαίνω στὸ Ἀμερικανικὸ σχολεῖο κάθε ἡμέρα.

Στὸ Ἀγγλικὸ σχολεῖο πηγαίνω κάθε πρωΐ.

Κάθε πρωΐ πηγαίνω στὸ Ἀμερικανικὸ σχολεῖο.

ἡ ἡμέρα = the day
κάθε = every
τὸ πρωΐ = (in) the morning
στὸ (εἰς τὸ) = to the
(Ἐγὼ) πηγαίνω = I go

τὸ **ἀπόγευμα**
Κάθε ἀπόγευμα.
Κάθε ἡμέρα, κάθε ἀπόγευμα.
Κάθε ἡμέρα τὸ ἀπόγευμα.

Κάθε ἡμέρα τὸ ἀπόγευμά πηγαίνω
στὸ ἑλληνικὸ σχολεῖο.

ORAL DRILL

Τί **κάνω** κάθε ἀπόγευμα;

Κάθε ἀπόγευμα πηγαίνω στὸ Ἑλληνικὸ σχολεῖο.

Τί κάνω κάθε πρωῖ;

Κάθε πρωῖ πηγαίνω στὸ Ἀμερικανικὸ σχολεῖο.

Εἶμαι ἑλληνόπουλο τοῦ ἐξωτερικοῦ. Πηγαίνω **σὲ** δύο σχολεῖα.

Τὸ πρωῖ πηγαίνω στὸ Ἀγγλικὸ σχολεῖο.

Τὸ ἀπόγευμα πηγαίνω στὸ Ἑλληνικό.

Πηγαίνω σὲ δύο σχολεῖα.

τὸ ἀπόγευμα = (in) the afternoon
(Ἐγὼ) κάνω = I do (or I make)
σὲ = εἰς = to (motion)

Ἐγὼ **παίζω**
παίζω

Παίζω κάθε ἡμέρα.
— Τί κάνω κάθε ἡμέρα στὸ σχολεῖο;
— Παίζω.

Παίζω κάθε ἡμέρα
στὸ σχολεῖο.

Ἐγὼ **γράφω**.
Γράφω ἕνα γράμμα.
Γράφω.

Αὐτὴ εἶναι ἡ Μαρία.
Ἡ Μαρία γράφει.
Γράφει.

Τί κάνεις Μαρία;
Γράφω.

Τί γράφεις;
Γράμματα.

Ἐγὼ	γράφω	= γράφω	= I write
σὺ	γράφεις	= γράφεις	= you write
αὐτὸς	γράφει	= γράφει	= he writes
αὐτὴ	γράφει	= γράφει	= she writes
αὐτὸ	γράφει	= γράφει	= it writes

παίζω = I play

παίζω	παίζεις	παίζει

γράφω	γράφεις	γράφει

διαβάζω

διαβάζει

Τί διαβάζεις παπποῦ;

Τί κάνει αὐτός;	τί κάνει;	τὶ κάνει;
τρέχει	τρέχει	τρέχει

διαβάζω = I read, I study
τρέχω = I run

Ἐγὼ	σὺ	αὐτός
	C O P Y	
παίζω	παίζεις	παίζει
γράφω	γράφεις	γράφει
κάνω	κάνεις	κάνει
διαβάζω	διαβάζεις	διαβάζει
τρέχω	τρέχεις	τρέχει
πηγαίνω	πηγαίνεις	πηγαίνει
ἔχω	ἔχεις	ἔχει

E X E R C I S E

— Learn the above verbs by heart.

— Can you write them on a piece of paper?

— Ask your teacher to correct your mistakes.

Τὸ Σάββατο δὲν πηγαίνω στὸ σχολεῖο.
Τὸ Σάββατο τὸ πρωῒ καὶ τὸ ἀπόγευμα
παίζω.

τὸ Σάββατο

τὸ μεσημέρι   **τὸ μεσημέρι**

Τί κάνεις κάθε μεσημέρι; κάθε μεσημέρι **τρώγω.**

μεσημέρι = noon
τρώγω = I eat

Τί κάνει;

Τρώγει ἕνα μῆλο.

Τί τρῶς (τρώγεις);

τὸ βράδυ

τὸ βράδυ

Τί κάνεις κάθε βράδυ;
Κάθε βράδυ **κάνω τὸ σταυρό μου**.

ANSWER

Τί κάνεις κάθε μεσημέρι;

Τί κάνεις κάθε Σάββατο;

Διαβάζει ὁ παπποῦς ἐφημερίδα;
Ναί, ...

Τί κάνει τὸ σκυλί;

κάνω τὸ σταυρό μου = I pray. I make the sign of the cross.

Ἡ Κυριακὴ

Σήμερα εἶναι Κυριακὴ.

Σήμερα Κυριακὴ δὲν **ἔχομε** σχολεῖο.

Κάθε Κυριακὴ πηγαίνομε **στὴν** ἐκκλησία.

Ἡ οἰκογένειά μου πηγαίνει στὴν ἑλληνικὴ ἐκκλησία.

Δὲν πηγαίνομε
στὸ ᾿Αμερικανικὸ σχολεῖο.
Δὲν ἔχομε σχολεῖο.

Δὲν πηγαίνομε
στὸ ῾Ελληνικὸ σχολεῖο.
Δὲν ἔχομε σχολεῖο.

Κυριακὴ = Sunday
σήμερα = today
δὲν ἔχομε σχολεῖο = there are no classes
στὴν (εἰς τὴν) = to the (fem.)

THE SUNDAY SCHOOL

Τὸ **Κατηχητικὸ** σχολεῖο

Κὰθε Κυριακή: Δὲν πηγαίνομε στὸ ᾽Ελληνικὸ
σχολεῖο.

Δὲν ἔχομε ᾽Αμερικανικὸ σχολεῖο.

Κάθε Κυριακή
πρωΐ: Πηγαίνομε στὴν ἐκκλησία
καὶ στὸ Κατηχητικὸ Σχολεῖο.

Κάθε Κυριακὴ
μεσημέρι:

Τρῶμε σὲ ἕνα **ρεστωράν.**

Κάθε Κυριακὴ
ἀπόγευμα:

Παίζομε

᾽Εμεῖς πηγαίνομε = πηγαίνομε
᾽Εμεῖς ἔχομε   = ἔχομε
᾽Εμεῖς τρῶμε   = τρῶμε

Κατηχητικὸ Σχολεῖο = Sunday School

Ἡ οἰκογένειά μου
ἔχει ἕνα σπίτι.
Ἐμεῖς ἔχομε ἕνα σπίτι.

Ἔχετε σχολεῖο σήμερα;
Ὄχι, δὲν ἔχομε.

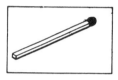

τὸ σπίρτο   τὰ σπίρτα   **ἕνα κουτὶ** σπίρτα

Παρακαλῶ,
ἔχετε σπίρτα;   **Βέβαια** ἔχω.

ἔχουν μία μπάλα   ἔχουν μία κούκλα

ἔχετε....; = have you....? (plural)
Παρακαλῶ = I beg you .....
Βέβαια = certainly
ἔχουν = they have

ἔχουν ἕνα σπίτι   ἔχουν ἕνα αὐτοκίνητο

ἐμεῖς ἔχομε	= ἔχομε
σεῖς ἔχετε	= ἔχετε
αὐτοὶ ἔχουν	= ἔχουν

FILL IN THE GAPS

Κάθε Κυριακὴ πρωῒ πηγαίνομε

στὴν ....:

Σήμερα......ἔχομε
Κατηχητικὸ σχολεῖο.

Κάθε Κυριακὴ μεσημέρι ἡ οἰκογένειά
μου τρώγει σὲ ἕνα ....

PUT THE RIGHT WORD

στήν, στό, σὲ

Πηγαίνω	....ἐκκλησία.
Πηγαίνω	....Κατηχητικὸ Σχολεῖο.
Τρῶμε	.....ἕνα ρεστωρὰν.

Ἕνα **ποτήρι γάλα**.

Πίνω γάλα κάθε ἡμέρα.

Τὸ γάλα εἶναι **ἄσπρο**.

Τὸ γάλα ἔχει ἄσπρο **χρῶμα**.

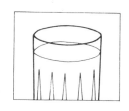

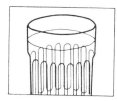

Ἕνα ποτήρι νερό.

Πίνω νερὸ κάθε ἡμέρα.

Τὸ νερὸ δὲν εἶναι ἄσπρο.

Τί χρῶμα ἔχει τὸ νερό;

Τὸ νερὸ δὲν ἔχει χρῶμα.

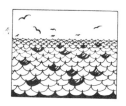

Ἡ θάλασσα εἶναι μπλέ.

Τί χρῶμα ἔχει ἡ θάλασσα;

Ἡ θάλασσα ἔχει χρῶμα **μπλὲ**:

ἡ θάλασσα

Σημ. Διὰ τὸν διδάσκοντα: Οἱ μαθηταὶ νὰ χρωματίσουν τὴν θάλασσα ὡς καὶ τὰ σκίτσα τῶν ἐπομένων τριῶν σελίδων.

τὸ ποτήρι = the glass

τὸ γάλα = the milk

ὁ ἄσπρος, ἡ ἄσπρη, τὸ ἄσπρο = the white

τὸ χρῶμα = the color

ἡ θάλασσα = the sea

ὁ μπλέ, ἡ μπλέ, τὸ μπλὲ = the blue

Ἡ **μπανάνα** εἶναι **κίτρινη.**
Τί χρῶμα ἔχει ἡ μπανάνα:
Εἶναι κίτρινη.

Τὸ λεμόνι εἶναι κίτρινο.
Ἡ μπανάνα καὶ τὸ λεμόνι
ἔχουν κίτρινο χρῶμα.

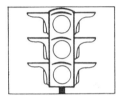 Πόσα χρώματα ἔχει ἡ λάμπα;
Κάθε λάμπα ἔχει ἕνα χρῶμα
Κόκκινο, κίτρινο, **πράσινο.**

PAINT THEM

κόκκινο   κίτρινο   πράσινο

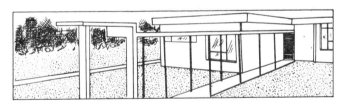

τὸ γρασίδι
Τί χρῶμα ἔχει τὸ γρασίδι;
Τὸ γρασίδι ἔχει πράσινο χρῶμα.

ἡ μπανάνα = the banana
ὁ κίτρινος, ἡ κίτρινη, τὸ κίτρινο = the yellow
ὁ κόκκινος, ἡ κόκκινη, τὸ κόκκινο = the red
ὁ πράσινος, ἡ πράσινη, τὸ πράσινο = the green
τὸ γρασίδι = the grass

Βάλε τὰ χρώματα

κόκκινο   κίτρινο   πράσινο

πράσινο

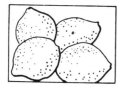

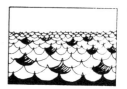

κίτρινο   κίτρινο   μπλὲ

ORAL DRILL

Τὸ νερὸ	δὲν ἔχει χρῶμα.
Τὸ γάλα	ἔχει χρῶμα ἄσπρο.
Τὸ γάλα	εἶναι ἄσπρο.
Ἡ θάλασσα	ἔχει χρῶμα μπλὲ.
Ἡ θάλασσα	εἶναι μπλὲ.
Ἡ μπανάνα	ἔχει χρῶμα κίτρινο.
Ἡ μπανάνα	εἶναι κίτρινη.
Τὸ λεμόνι	ἔχει χρῶμα κίτρινο.
Τὸ λεμόνι	εἶναι κίτρινο.
Τὸ γρασίδι	ἔχει χρῶμα πράσινο.
Τὸ γρασίδι	εἶναι πράσινο.

ANSWER AND PAINT

Τί χρῶμα ἔχει ἡ μπανάνα;

. . . .

Τί χρῶμα ἔχει ἕνα **αὐγό;**

. . . .

Τί χρῶμα ἔχει τὸ γρασίδι;

. . . .

Ἔχει χρῶμα τὸ νερό;
Ὄχι. . . . .

Τί χρῶμα ἔχει τὸ γάλα;

. . . .

Τί χρῶμα ἔχει ἡ θάλασσα;

. . . .

Τί χρῶμα ἔχει τὸ λεμόνι;

. . . .

Πόσα χρώματα ἔχει ἡ λάμπα;
Τρία . . . .

REVIEW (21-25)

USE THE WORD μερικὰ

Ἐπάνω στὸ τραπέζι εἶναι ....

Ἐπάνω στὸ θρανίο εἶναι ....

Ἐπάνω στὸ βιβλίο εἶναι ......

Ἐπάνω στὸ κρεββάτι εἶναι ....

ANSWER IN WRITTEN

Ποῦ εἶναι τὰ βιβλία;

Ποῦ εἶναι τὰ μῆλα;

Ποῦ εἶναι τὰ παιδιά;

Ποῦ εἶναι τὸ μολύβι;

GIVE THE CORRECT ANSWERS

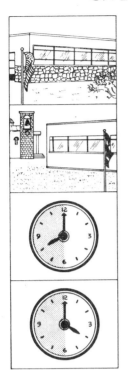

Τί σχολεῖο εἶναι αὐτό;

Εἶναι αὐτὸ τὸ ἑλληνικὸ σχολεῖο;

Τί κάνω κάθε πρωΐ;

Τί κάνω κάθε ἀπόγευμα;

— Σὲ τί σχολεῖα πηγαίνω;
   Κάθε πρωΐ ....
   Κάθε ἀπόγευμα ....

— Ποῦ εἶναι τὸ ἑλληνικὸ σχολεῖο;
   Τὸ ....

—Ποῦ εἶναι ἡ ἐκκλησία;
   Ἡ ....

— Τὶ εἶναι δίπλα ἀπὸ τὴν Ἐκκλησία;
   Δίπλα ἀπὸ ....

FILL IN THE MISSING WORDS
THEN USE σὺ OR αὐτός, ή, ό.

ἐγὼ   σὺ   αὐτός

Εἶμαι	ἕνας	μαθητὴς
Ἔχω	. . . . . .	. . . . . .
Πηγαίνω	. . . . . .	. . . . . .
Παίζω	. . . . . .	. . . . . .
Γράφω	. . . . . .	. . . . . .
Κάνω	. . . . . .	. . . . . .
Διαβάζω	. . . . . .	. . . . . .
Τρέχω	. . . . . .	. . . . . .

COMPLETE THE SENTENCES

Κάθε πρωΐ πηγαίνω στὸ . . . . . .

Κάθε μεσημέρι . . . .

Κάθε βράδυ . . . .

Κάθε ἀπόγευμα . . . .

PUT THE MISSING WORDS

Παρακαλῶ
σπίρτα;

..... ἔχω.

.... σχολεῖο σήμερα;

Ὄχι, δὲν ......

ANSWER

Τὶ ἔχουν;

Ἔχουν μία μπάλα

. . . .

. . . .

. . . .

. . . .

PAINT ALL OF THEM

κόκκινο   κίτρινο   πράσινο

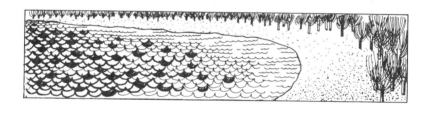

Make a list of the colors you have learnt in Greek.

....

....

....

....

τὸ μαχαίρι	**τὸ πηρούνι**	**τὸ κουτάλι**
ἕνα μαχαίρι	ἕνα πηρούνι	ἕνα κουτάλι

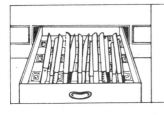  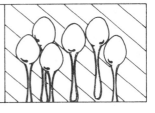

μαχαίρια	πηρούνια	κουτάλια
τὰ μαχαίρια	τὰ πηρούνια	τὰ κουτάλια
Πολλὰ μαχαίρια	Πολλὰ πηρούνια	Πολλὰ κουτάλια

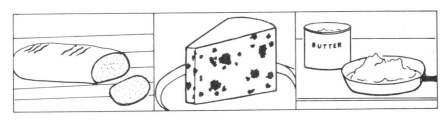

ψωμὶ	**τυρὶ**	**βούτυρο**
τὸ ψωμὶ	τὸ τυρὶ	τὸ βούτυρο

Τί κάνει ἡ μητέρα;

Ἡ μητέρα **κόβει** ψωμὶ.

Κόβει ψωμί.

κόβω	= I cut
κόβεις	= you cut
κόβει	= he, she, it cuts
κόβομε	= we cut
κόβετε	= you cut
κόβουν	= they cut

τὸ πιάτο
ἕνα πιάτο **σούπα**

Τί κάνει τὸ ἀγόρι;
Τρώγει ἕνα πιάτο σούπα.

Τρῶμε σούπα **μὲ** τὸ κουτάλι.

Κόβομε ψωμὶ μὲ τὸ μαχαίρι.

Τὸ κρέας

Κόβομε τὸ κρέας μὲ τὸ μαχαίρι.
Τρῶμε τὸ κρέας μὲ τὸ πηρούνι.

ORAL DRILL

Τρῶμε σούπα μὲ ἕνα κουτάλι. Κόβομε τὸ ψωμὶ μὲ τὸ μαχαίρι. Τρῶμε τὸ κρέας μὲ τὸ πηρούνι.

ἡ σούπα = the soup, the broth
μὲ = with, by using...

Μὲ τί;

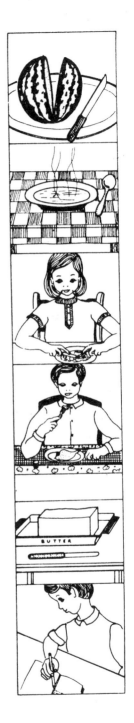

1.— Μὲ τì κόβομε τὸ καρπούζι;
    Κόβομε τὸ καρπούζι μὲ ἕνα . . . . .

2.— Μὲ τì τρῶμε ἕνα πιάτο σούπα;
    Τρῶμε σούπα μὲ ἕνα . . . .

3.— Μὲ τί κόβομε τὸ κρέας;
    Κόβομε τὸ κρέας μὲ ἕνα . . . .

4.— Μὲ τì τρῶμε τὸ κρέας;
    Τρῶμε τὸ κρέας μὲ ἕνα . . . . . .

5.— Μὲ τί κόβομε τὸ βούτυρο;
    Τὸ κόβομε μὲ ἕνα . . . .

6.— Μὲ τì γράφει ὁ Γιάννης;
    Γράφει μὲ . . . .

μὲ τί; = with what ? by using what?

FILL IN THE MISSING WORDS

1.— Ἡ μητέρα ..... ψωμὶ ... ἕνα μαχαίρι.

2. — Ὁ πατέρας .... ἕνα πιάτο .... μὲ ἕνα

κουτάλι.

3.— Ἡ Μαρία .... ἕνα γράμμα μὲ ....

4.— Ὁ Γιάννης κόβει τὸ .... μὲ ἕνα μαχαίρι.

5.— Πηγαίνω στὸ σχολεῖο .... τὸ αὐτοκίνητο.

6.— Τρῶμε τὸ τυρὶ μὲ ....

7.— Κόβομε τὸ βούτυρο ...... ἕνα μαχαίρι.

8.— Τρῶμε τὸ κρέας ...... ἕνα ....

9.— Πίνομε τὸ γάλα μὲ ἕνα ....

Ὁ Γιάννης **ἀνοίγει** τὸ παράθυρο.

Τί κάνει ὁ Γιάννης;

Ἀνοίγει τὸ παράθυρο.

ἀνοίγω	=	I open
ἀνοίγεις	=	you open
ἀνοίγει	=	he, she, it opens
ἀνοίγομεν	=	we open
ἀνοίγετε	=	you open
ἀνοίγουν	=	they open

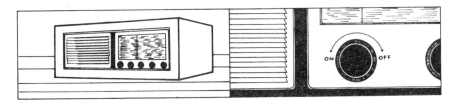

Ἀνοίγω τὸ ράδιο. Ἀνοίγω τὸ ράδιο μὲ τὸ χέρι μου.

Ἀνοίγω τὸ ράδιο καὶ **ἀκούω μουσική.**

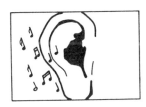

Τὸ αὐτὶ

Ἔχω δύο αὐτιὰ

ἀνοίγω τὸ ράδιο = I turn on the radio

Ἡ Μαρία **κλείνει** τὸ παράθυρο.

Τί κάνει ἡ Μαρία;

Κλείνει τὸ παράθυρο.

κλείνω	= I close
κλείνεις	= you close
κλείνει	= he, she, it closes
κλείνομε	= we close
κλείνετε	= you close
κλείνουν	= they close

Κλείνω τὸ ράδιο.

Μὲ τί κλείνω τὸ ράδιο;

Κλείνω τὸ ράδιο μὲ τὸ χέρι μου.

Ἀνοίγω τὸ ράδιο. Ἀκούω μουσική.

Κλείνω τὸ ράδιο. Δὲν ἀκούω μουσική.

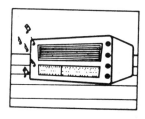

σιγὰ

Αὐτὸ τὸ ράδιο παίζει σιγά.

Παίζει σιγά.

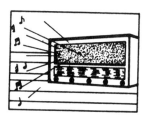

δυνατὰ

Αὐτὸ τὸ ράδιο παίζει

δυνατά.

Παίζει δυνατά.

δυνατὰ = loudly, strongly, hard

σιγὰ = quietly, gently

κλείνω τὸ ράδιο = I turn it off.

Κλείνω τὸ παράθυρο σιγά.

Κλείνω τὸ παράθυρο δυνατά.

αὐτὸς   **αὐτοὶ**   **αὐτοὶ**

αὐτὴ   **αὐτὲς**   **αὐτὲς**

Τί κάνουν αὐτοί; **Τηλεφωνοῦν.**

Τί κάνουν αὐτές; ᾿Ακούουν μουσική.

τηλεφωνῶ = I telephone
αὐτοὶ = they (masc.)
αὐτὲς = they (fem.)

σελὶς ἑκατὸν δέκα ἑπτὰ (117)

PUT THE PROPER WORD

δυνατὰ
Πῶς; δυνατά.

σιγὰ
Πῶς; σιγὰ.

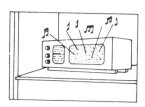

Αὐτὸ τὸ ράδιο
παίζει ....

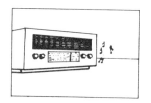

Ἐκεῖνο τὸ ράδιο
παίζει ....

Αὐτὸ τὸ κορίτσι κλείνει
τὸ παράθυρο ....

Ἐκεῖνο τὸ παιδὶ κλείνει
τὸ παράθυρο ....

DICTATION

Ὁ Γιάννης ἀνοίγει τὸ παράθυρο. Ἡ Μαρία κλείνει
τὸ παράθυρο σιγά. Ἡ Μητέρα ἀνοίγει τὸ ράδιο.   Τὸ
ράδιο παίζει δυνατά. Ἀκούω μουσική. Ἀκούω μὲ τὸ
αὐτί. Αὐτοὶ τηλεφωνοῦν. Αὐτὲς τρέχουν.

πῶς = how? in what way?

Ἡ ἑβδομάδα

ΚΥΡΙΑΚΗ	ΔΕΥΤΕΡΑ	ΤΡΙΤΗ	ΤΕΤΑΡΤΗ	ΠΕΜΠΤΗ	ΠΑΡΑΣΚΕΥΗ	ΣΑΒΒΑΤΟ
1	2	3	4	5	6	7

Ἡ ἑβδομάδα ἔχει ἑπτὰ **ἡμέρες.**

ΚΥΡΙΑΚΗ
1

Σήμερα εἶναι Κυριακή.
Δὲν ἔχομε σχολεῖο.
Πηγαίνομε στὴν ἐκκλησία.

ΣΑΒΒΑΤΟ
7

Σήμερα εἶναι Σάββατο.
Δὲν ἔχομε σχολεῖο.
Παίζομε.

ΔΕΥΤΕΡΑ	ΤΡΙΤΗ	ΤΕΤΑΡΤΗ	ΠΕΜΠΤΗ	ΠΑΡΑΣΚΕΥΗ
2	3	4	5	6

Πηγαίνομε στὸ σχολεῖο κάθε ἡμέρα.

σήμερα   **αὔριο**

ἡ ἑβδομάδα = the week
αὔριο = tomorrow

ΔΕΥΤΕΡΑ	ΤΡΙΤΗ
2	**3**

Σήμερα εἶναι **Δευτέρα.**
Τί ἡμέρα εἶναι σήμερα;
Δευτέρα.

Αὔριο εἶναι **Τρίτη.**
Τί ἡμέρα εἶναι αὔριο.
Τρίτη.

ΤΕΤΑΡΤΗ	ΠΕΜΠΤΗ
4	**5**

Σήμερα εἶναι **Τετάρτη.**
Τί ἡμέρα εἶναι σήμερα;
Τετάρτη.

Αὔριο εἶναι **Πέμπτη.**
Τί ἡμέρα εἶναι αὔριο;
Πέμπτη.

ΠΑΡΑΣΚΕΥΗ	ΣΑΒΒΑΤΟ
6	**7**

Σήμερα εἶναι **Παρασκευή.**
Τί ἡμέρα εἶναι σήμερα;
Παρασκευή.

Αὔριο εἶναι **Σάββατο.**
Τί ἡμέρα εἶναι αὔριο;
Σάββατο.

Κυριακὴ	= Sunday
Δευτέρα	= Monday
Τρίτη	= Tuesday
Τετάρτη	= Wednesday
Πέμπτη	= Thursday
Παρασκευὴ	= Friday
Σάββατο	= Saturday

ὁ **μικρὸς**	ἡ **μικρὴ**	τὸ **μικρὸ**
σταυρὸς	μπάλα	βιβλίο
ὁ μικρὸς	ἡ μικρὴ	τὸ μικρὸ

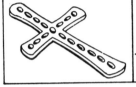  

ὁ **μεγάλος**	ἡ **μεγάλη**	τὸ **μεγάλο**
σταυρὸς	μπάλα	βιβλίο
ὁ μεγάλος	ἡ μεγάλη	τὸ μεγάλο

μικρὸς   μεγάλος

μικρὴ   μεγάλη

μικρὸ   μεγάλο

WRITE THE OPPOSITES.

ὁ μικρὸς   ....

ἡ μικρὴ   ....

τὸ μικρὸ   ....

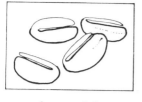

Τί χρῶμα ἔχει ὁ καφές;
Ὁ καφὲς ἔχει χρῶμα **καφέ.**

ὁ καφὲς

τὸ φλυτζάνι
ἕνα φλυτζάνι καφέ.

Ὁ παπποῦς πίνει
ἕνα φλυτζάνι καφέ.

WRITE THE DAYS OF THE WEEK.
LEARN THEM BY HEART.

SUNDAY
1

Κυριακὴ

MONDAY	TUESDAY	WEDNESDAY
2	**3**	**4**

THURSDAY	FRIDAY	SATURDAY
5	**6**	**7**

Τὸ σχολεῖο
Τὸ σχολεῖο **μας**

Ἡ ἐκκλησία
Ἡ ἐκκλησία μας

ὁ δάσκαλος
ὁ δάσκαλός μας

ἡ δασκάλα
ἡ δασκάλα μας

τὸ σκυλὶ
τὸ σκυλί μας

τὸ αὐτοκίνητο
τὸ αὐτοκίνητό μας

Τὸ σπίτι μας.

Αὐτὸ εἶναι τὸ σπίτι μας.

Εἶναι ἕνα μεγάλο σπίτι.

Ἔχει ἑπτὰ **δωμάτια**.

Τὰ δωμάτια εἶναι μεγάλα.

..... μας = our

τὸ δωμάτιο = room

Ὑπνοδωμάτια

πρῶτο   **δεύτερο**   **τρίτο**

Στὸ πρῶτο ὑπνοδωμάτιο
κοιμᾶται ὁ πατέρας
καὶ ἡ μητέρα μας.

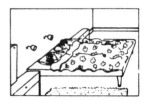

Στὸ δεύτερο ὑπνοδωμάτιο
κοιμᾶται ὁ παπποῦς
καὶ ἡ γιαγιά μας.

Τὸ τρίτο ὑπνοδωμάτιο
ἔχει δύο κρεββάτια.
Στὸ ἕνα κρεββάτι κοιμᾶμαι ἐγὼ
καὶ στὸ ἄλλο ὁ ἀδελφός μου.

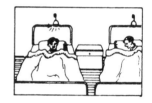

ORAL DRILL

—Ποῦ κοιμᾶται ὁ παπποῦς;

—Ὁ παπποῦς κοιμᾶται στὸ δεύτερο ὑπνοδωμάτιο.

—Ποῦ κοιμᾶται ὁ πατέρας καὶ ἡ μητέρα;

—Αὐτοὶ κοιμοῦνται στὸ πρῶτο ὑπνοδωμάτιο.

—**Ποιὸς** κοιμᾶται στὸ τρίτο ὑπνοδωμάτιο;

—Ἐγὼ καὶ ὁ ἀδελφός μου.

ὁ πρῶτος, ἡ πρώτη, τὸ πρῶτο = the first
ὁ δεύτερος, ἡ δεύτερη, τὸ δεύτερο = the second
ὁ τρίτος, ἡ τρίτη, τὸ τρίτο = the third
Ποιός; = who?
τὸ ὑπνοδωμάτιο = the bedroom

Τὸ σπίτι μας

| ἡ σάλα | τὸ γραφεῖο | ἡ τραπεζαρία |

Ἡ σάλα εἶναι μεγάλη.

Ἡ τραπεζαρία εἶναι μεγάλη.

Τὸ γραφεῖο εἶναι μικρό.

Τὸ γραφεῖο ἔχει μία βιβλιοθήκη μὲ πολλὰ βιβλία.

| ἡ ἀποθήκη | ἡ κουζίνα | τὸ λουτρὸ |

Ἡ ἀποθήκη εἶναι μικρή.

Ἡ κουζίνα εἶναι μεγάλη.

Τὸ λουτρὸ εἶναι μεγάλο.

Δίπλα ἀπὸ τὸ σπίτι εἶνα **τὸ γκαρὰζ.**

Τὸ αὐτοκίνητό μας εἶναι στὸ γκαράζ.

Translate into Greek

1. This is our home.
2. It has seven rooms.
3. Our car is in the garage.

Answer in written

Ποιός κοιμᾶται
στὸ πρῶτο δωμάτιο;

. . . .

Ποιός κοιμᾶται ἐδῶ;

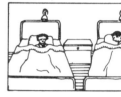

. . . .

Ποιός κοιμᾶται
στὸ τρίτο δωμάτιο;

. . . .

Write under each object the proper sentence with μας.

Αὐτὸ εἶναι τὸ σκυλί μας.

Αὐτὸ . . . .

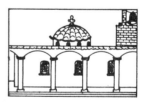

Αὐτὴ . . . .

Αὐτὸ . . . .

Αὐτὸ . . . .

Οἱ ἐποχὲς - Οἱ μῆνες

ὁ Χειμῶνας

ὁ Ἰανουάριος
ὁ Φεβρουάριος
ὁ Μάρτιος

ἡ ἄνοιξι

ὁ Ἀπρίλιος
ὁ Μάϊος
ὁ Ἰούνιος

τὸ καλοκαίρι

ὁ Ἰούλιος
ὁ Αὔγουστος
ὁ Σεπτέμβριος

τὸ φθινόπωρο

ὁ Ὀκτώβριος
ὁ Νοέμβριος
ὁ Δεκέμβριος

ἡ ἐποχὴ = the season   οἱ ἐποχὲς (plural)
ὁ μήνας = the month   οἱ μῆνες   »

Οἱ μῆνες

ΙΑΝΟΥΑΡΙΟΣ	ΦΕΒΡΟΥΑΡΙΟΣ	ΜΑΡΤΙΟΣ	ΑΠΡΙΛΙΟΣ	ΜΑΪΟΣ	ΙΟΥΝΙΟΣ
7 14 21 28	4 11 18 25	3 10 17 24	7 14 21 28	5 12 19 26	2 9 16 23 30
1 8 15 22 29	5 12 19 26	4 11 18 25	1 8 15 22 29	6 13 20 27	3 10 17 24
2 9 16 23 30	6 13 20 27	5 12 19 26	2 9 16 23 30	7 14 21 28	4 11 18 25
3 10 17 24 31	7 14 21 28	6 13 20 27	3 10 17 24	1 8 15 22 29	5 12 19 26
4 11 18 25	1 8 15 22 29	7 14 21 28	4 11 18 25	2 9 16 23 30	6 13 20 27
5 12 19 26	2 9 16 23	1 8 15 22 29	5 12 19 26	3 10 17 24 31	7 14 21 28
6 13 20 27	3 10 17 24	2 9 16 23 30 31	6 13 20 27	4 11 18 25	1 8 15 22 29

ΙΟΥΛΙΟΣ	ΑΥΓΟΥΣΤΟΣ	ΣΕΠΤΕΜΒΡΙΟΣ	ΟΚΤΩΒΡΙΟΣ	ΝΟΕΜΒΡΙΟΣ	ΔΕΚΕΜΒΡΙΟΣ
7 14 21 28	4 11 18 25	1 8 15 22 29	6 13 20 27	3 10 17 24	1 8 15 22 29
1 8 15 22 29	5 12 19 26	2 9 16 23 30	7 14 21 28	4 11 18 25	2 9 16 23 30
2 9 16 23 30	6 13 20 27	3 10 17 24	1 8 15 22 29	5 12 19 26	3 10 17 24 31
3 10 17 24 31	7 14 21 28	4 11 18 25	2 9 16 23 30	6 13 20 27	4 11 18 25
4 11 18 25	1 8 15 22 29	5 12 19 26	3 10 17 24	7 14 21 28	5 12 19 26
5 12 19 26	2 9 16 23 30	6 13 20 27	4 11 18 25	1 8 15 22 29	6 13 20 27
6 13 20 27	3 10 17 24 31	7 14 21 28	5 12 19 26	2 9 16 23 30	7 14 21 28

Ὁ χειμῶνας ἔχει τρεῖς μῆνες.

Ὁ πρῶτος μήνας εἶναι ὁ Ἰανουάριος.

Φεβρουάριος εἶναι ὁ δεύτερος μήνας.

Τρίτος μήνας εἶναι ὁ Μάρτιος.

Ἡ ἄνοιξι ἔχει τρεῖς μῆνες.

Πρῶτος εἶναι ὁ Ἀπρίλιος.

Δεύτερος εἶναι ὁ Μάϊος

καὶ τρίτος ὁ Ἰούνιος.

Τὸ καλοκαίρι ἔχει τρεῖς μῆνες

Τρίτος εἶναι ὁ Σεπτέμβριος.

Πρῶτος ὁ Ἰούλιος

καὶ δεύτερος ὁ Αὔγουστος.

Τὸ φθινόπωρο ἔχει καὶ αὐτὸ τρεῖς μῆνες.

Ὀκτώβριος, Νοέμβριος, Δεκέμβριος,

Τὸ καλοκαίρι **κάνει ζέστη**.

Τὸ φθινόπωρο **βρέχει**

Χιονίζει.
Κάνει κρύο.

Ὁ καιρὸς εἶναι καλὸς.

κάνει ζέστη	=	it is hot
κάνει κρύο	=	it is cold
χιονίζει	=	it snows
βρέχει	=	it rains

ὁ καιρὸς = the weather

Translate into Greek

1.— It rains.

....

2.— It snows.

....

3.— It is hot.

....

4.— It is cold.

....

5.— The months are twelve.

....

6. Each* season has three months.

....

7.— Each month has four weeks.

....

8— Each week has seven days.

....

---

* Each = κάθε

REVIEW (27-31)

Read aloud

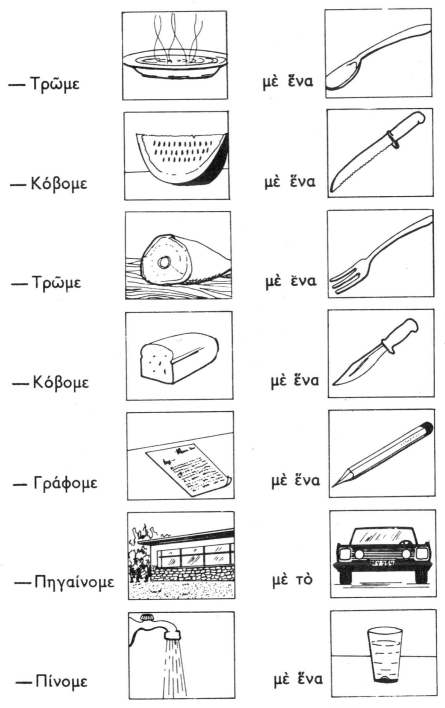

— Τρῶμε   μὲ ἕνα

— Κόβομε   μὲ ἕνα

— Τρῶμε   μὲ ἕνα

— Κόβομε   μὲ ἕνα

— Γράφομε   μὲ ἕνα

— Πηγαίνομε   μὲ τὸ

— Πίνομε   μὲ ἕνα

Answer. Follow the example.

—Τί κάνει;

—Τηλεφωνεῖ.

—Τί κάνουν;

....

—Πῶς τὸ ἀνοίγει τὸ παράθυρο;

....

—Πῶς τὸ κλείνει τὸ παράθυρο;

....

—Πῶς παίζει τὸ ράδιο;

....

—Καὶ αὐτὸ πῶς παίζει;

....

Write the opposites

σιγὰ ....

κλείνει ....

PUT THE PROPER WORD

SUNDAY	MONDAY
....	....

TUESDAY	WEDNESDAY
....	....

THURSDAY	FRIDAY
....	....

SATURDAY
....

ANSWER

—Σήμερα εἶναι Κυριακή. Τί ἡμέρα εἶναι αὔριο;

—Αὔριο εἶναι ....

—Σήμερα εἶναι Τρίτη. Τί ἡμέρα εἶναι αὔριο;

—Αὔριο εἶναι ....

—Σήμερα εἶναι Πέμπτη. Εἶναι αὔριο Σάββατο;

Ὄχι. Αὔριο δὲν εἶναι Σάββατο.

Αὔριο εἶναι ....

Τὸ σπίτι μας

Write under each picture the proper word.

τὸ ὑπνοδωμάτιον _____ _____

_____ _____ _____

_____

Translate.

1.— Our father sleeps here.   _____

2.— Who sleeps there?   _____

3.— The kitchen is large.   _____

Write: Under each picture the name of the season.
Next to each picture its months.

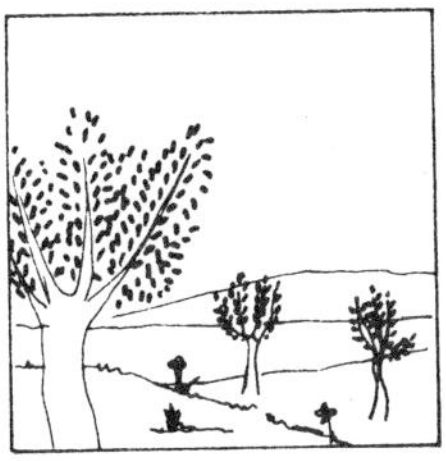

_____

_____

_____

_____

_____

_____

_____

_____

_____

_____

_____

_____

_____

_____

_____

_____

VOCABULARY: GREEK - ENGLISH

A

τὸ ἄγαλμα,	τό á-gha-lma	statue
Ἀγγλικός,	a-ghli-kós	English
ἡ ἀγελάδα,	a-ye-lá-dha	cow
τὸ ἀγόρι,	a-ghó-ri	boy
ἡ ἀδελφή,	a-dhel-fí	sister
ὁ ἀδελφός,	a-dhel-fós	brother
τὸ ἀεροπλάνο,	ae-ro-plá-no	airplane
ἡ αἴθουσα	é-thu-sa	large room
ἀκούω,	a-kú-o	I hear
ἡ ἀλεποῦ,	a-le-pú	fox
ἀλλά,	a-lá	but
ἡ ἁλυσίδα,	a-li-sí-dha	chain
Ἀμερικανικός,	a-me-ri-ka-ni-kós	American (adj)
ὁ ἄνδρας,	án-dhras	man
ἀνοίγω,	a-ní-gho	I open
ἡ ἄνοιξι,	á-ni-ksi	spring
ἡ ἀποβάθρα,	a-po-vá-thra	pier, wharf
τὸ ἀπόγευμα,	a-pó-ye-vma	afternoon
ἡ ἀποθήκη,	a-po-thí-ki	store room
ὁ Ἀπρίλιος,	a-prí-li-os	April
ὁ ἀριθμός,	a-ri-thmós	number
ἡ ἀρκούδα,	ar-kú-dha	bear
ἄσπρος,	ás-pros	white
τὸ αὐγό,	av-ghó	egg
ὁ Αὔγουστος,	áv-ghu-stos	August
αὔριο,	áv-rio	tomorrow
αὐτά,	af-tá	these (neuter)
αὐτές,	af-tés	they (fem)
αὐτή,	af-tí	this (fem)
τὸ αὐτί,	af-tí	ear
αὐτό,	af-tó	this
αὐτοί,	af-tí	they (masc)
τὸ αὐτοκίνητο,	af-to-kí-ni-to	car
αὐτός,	af-tós	this (masc)
τὸ ἀχλάδι,	a-khlá-dhi	pear

B

βάλε,	vá-le	put!
τὸ βάζο,	vá-zo	vase
ἡ βάρκα,	vár-ka	boat
τὸ βατράχι,	va-trá-khi	frog
βέβαια,	vé-ve-a	certainly, of course
ἡ βέρα,	vé-ra	wedding ring

ἡ βεράντα,	ve-rán-ta	veranda
τὸ βιβλίο,	vi-vlío	book
ἡ βιβλιοθήκη,	vi-vli-o-thí-ki	library
ἡ βούρτσα,	vúr-tsa	brush
τὸ βούτυρο,	vú-ti-ro	butter
τὸ βράδυ,	vrá-dhi	evening
βρέχει,	vré-khi	it rains
ἡ βρύση,	vrí-si	tap

Γ

τὸ γάλα,	ghá-la	milk
Γαλλικός,	gha-li-kós	French
ἡ γαλοπούλα,	gha-lo-pú-la	turkey
ἡ γάτα,	ghá-ta	cat
ἡ γέφυρα,	yé-fi-ra	bridge
ἡ γιαγιά,	yia-yiá	grandmother
τὸ γκαράζ,	ga-ráz	garage
τὸ γράμμα,	ghrá-ma	letter
τὸ γρασίδι,	ghra-sí-dhi	grass
τὸ γραφεῖο,	ghra-fío	study, desk
γράφω,	ghrá-fo	I write
ἡ γυναίκα,	yi-né-ka	woman

Δ

ἡ δασκάλα,	dha-ská-la	teacher (fem)
ὁ δάσκαλος,	dhá-ska-los	teacher (masc)
δέκα,	dhé-ka	ten
δέκα τρία,	dhé-ka tría	thirteen
ὁ Δεκέμβριος,	dhe-ké-mvrios	December
δέν,	dhén	negative particle
τὸ δένδρο,	dhén-dhro	tree
ἡ Δευτέρα,	dhe-fté-ra	Monday
δεύτερος,	dhé-fte-ros	second
διαβάζω,	dhi-a-vá-zo	I read
δίπλα ἀπό,	dhí-pla apó	next to
τὸ δολλάριο,	dho-lá-rio	dollar
δυνατά,	dhi-na-tá	loudly, strongly
δύο,	dhí-o	two
δώδεκα,	dhó-dhe-ka	twelve
τὸ δωμάτιο,	dho-má-ti-o	room

E

ἡ ἑβδομάδα,	ev-dho-má-dha	week
ἑβδομήντα,	ev-dho-mín-ta	seventy
ἐγώ,	e-ghó	I
ἐδῶ,	e-dhó	here
ἡ εἰκόνα,	i-kó-na	picture
εἴκοσι,	í-ko-si	twenty
εἶμαι,	í-me	I am

εἴμαστε,	í-ma-ste	we are
εἶναι,	í-ne	he is, she is, it is, they are
εἶσαι,	í-se	you are (one person)
εἶστε,	í-ste	you are
ἑκατόν,	e-ka-tón	a hundred
ἐκεῖ	e-kí	there
ἐκεῖνα,	e-kí-na	those (neuter)
ἐκείνη,	e-kí-ni	that (fem)
ἐκεῖνο,	e-kí-no	that (neuter)
ἐκεῖνος,	e-kí-nos	that (masc)
ἡ ἐκκλησία,	e-kli-sí-a	church
τὸ ἐλάφι,	e-lá-fi	deer
Ἑλληνικός,	e-li-ni-kós	Greek (adj)
τὸ Ἑλληνοαμερικανό-πουλο,	e-li-no/ame-ri-ka-nó-pu-lo	Greek-American (boy or girl)
τὸ Ἑλληνόπουλο,	e-li-nó-pu-lo	Greek (boy or girl)
ἐμεῖς,	e-mís	we
ἔνα,	é-na	a, one (neuter)
ἔνας,	é-nas	a, one (masc)
ἔνδεκα,	én-dhe-ka	eleven
ἐννέα,	e-né-a	nine
ἐννενήντα,	e-ne-nín-ta	ninty
ἔξ,	éks	six
ἑξήντα,	e-ksín-ta	sixty
ἐπάνω,	e-pá-no	on
ἡ ἐποχή,	e-po-khí	season
ἡ ἐφημερίδα,	e-fi-me-rí-dha	newspaper
ἔχει,	é-khi	he has, she has, it has.
ἔχεις,	é-khis	you have (one person)
ἔχετε,	é-khe-te	you have
ἔχομε,	é-kho-me	we have
ἔχουν,	é-khun	they have
ἔχω,	é-kho	I have

Z

ἡ ζακέττα,	za-ké-ta	jacket
ἡ ζέβρα,	zé-vra	zebra
ἡ ζώνη,	zó-ni	belt

Η

ἡ ....,	í	the (fem)
ἤ,	í	or
ὁ ἥλιος,	i-li-os	sun
ἡ ἡμέρα,	i-mé-ra	day

Θ

ἡ θάλασσα,	thá-la-sa	sea
τὸ θερμόμετρο,	the-rmó-me-tro	thermometer

τὸ θρανίο,	thra-nío	bench, desk
ὁ θρόνος,	thró-nos	throne

I

ὁ Ἰανουάριος,	ia-nuá-rios	January
ὁ ἰατρός,	i-a-trós	physician
ὁ Ἰούνιος,	i-ú-nios	June
ὁ Ἰούλιος,	i-ú-li-os	July

K

κάθε,	ká-the	every, each
καί,	ké	and
ὁ καιρός,	ke-rós	weather
κακός,	ka-kós	bad
τὸ καλοκαίρι,	ka-lo-ké-ri	summer
καλός,	ka-lós	good (adj)
ἡ καμήλα,	ka-mí-la	camel
ἡ καμπάνα,	ka-mpá-na	bell
κάνει ζέστη,	ká-ni zé-sti	it is hot
κάνει κρύο,	ká-ni krí-o	it is cold
κάνω,	ká-no	I do, I make
τὸ καπέλλο,	ka-pé-lo	hat
τὸ καράβι,	ka-rá-vi	ship
ἡ καρέκλα,	ka-ré-kla	chair
τὸ καρπούζι,	kar-pú-zi	water-melon
τὸ Κατηχητικὸ Σχολεῖο,	ka-ti-khi-ti-kó skho-li-o	Sunday School
καφέ,	ka-fé	brown
ὁ καφές,	ka-fés	coffee
τὸ κεφάλι,	ke-fá-li	head
κίτρινος,	kí-tri-nos	yellow
τὸ κλειδί,	kli-dhí	key
κλείνω,	klí-no	I close, I shut
κόβω,	kó-vo	I cut
κοιμᾶμαι,	ki-má-me	I sleep
κόκκινος,	kó-ki-nos	red
τὸ κορίτσι,	ko-rí-tsi	girl
ἡ κουζίνα,	ku-zí-na	kitchen
ἡ κούκλα,	kú-kla	doll
τὸ κουτάλι,	ku-tá-li	spoon
τὸ κουτί,	ku-tí	box
τὸ κρέας,	kré-as	meat
τὸ κρεββάτι,	kre-vá-ti	bed
ἡ Κυριακή,	ki-ri-a-kí	Sunday

Λ

ἡ λάμπα,	lám-pa	lamp, electric bulb, traffic light
τὸ λεμόνι,	le-mó-ni	lemon

τὸ λεξικό,	le-ksi-kó	dictionary
τὸ λουτρό,	lu-tró	bath room

M

ὁ μαέστρος,	ma-é-stros	orchestra director
ὁ μαθητής,	ma-thi-tís	pupil, student (masc)
ἡ μαθήτρια,	ma-thí-tri-a	pupil, student (fem)
ὁ Μάϊος,	má-ios	May
ὁ Μάρτιος,	már-tios	March
..μας,	más	our
τὸ μαχαίρι,	ma-khé-ri	knife
μέ,	mé	with, by using...
μεγάλος,	me-ghá-los	big, large
μερικά,	me-ri-ká	some
τὸ μεσημέρι,	me-si-mé-ri	noon
μὲ τί;	me tí?	with what?
		by using what?
τὸ μῆλο,	mí-lo	apple
ὁ μήνας,	mí-nas	month
ἡ μητέρα,	mi-té-ra	mother
μία,	mí-a	a, one (fem)
μικρός,	mi-krós	small, little
τὸ μολύβι,	mo-lí-vi	pencil
μου,	mú	my...
ἡ μουσική,	mu-si-kí	music
ἡ μπάλα,	bá-la	ball
ἡ μπανάνα,	ba-ná-na	banana
μπλέ,	blé	blue
τὸ μωρό,	mo-ró	baby

N

ναί,	né	yes
ὁ ναύτης,	ná-ftis	sailor, seaman
τὸ νερό,	ne-ró	water
ὁ Νοέμβριος,	noé-mvrios	November

Ξ

τὸ ξυραφάκι,	ksi-ra-fá-ki	blade

O

ὁ ....,	ό	the (mas.)
ὀγδόντα,	ogh-dhó-nta	eighty
ἡ οἰκογένεια,	i-ko-yé-nia	family
ὁ Ὀκτώβριος,	októ-vrios	October
ἡ ὀμελέττα,	ome-lé-ta	omelet
ἡ οὐρά,	u-rá	tail
ὄχι,	ó-khi	no, not

Π

τὰ παιδιά,	pe-dhiá	children
παίζω,	pé-zo	I play
τὸ πακέτο,	pa-ké-to	packet
ὁ παππούς,	pa-pús	grandfather
τὸ παράθυρο,	pa-rá-thi-ro	window
παρακαλῶ,	pa-ra-ka-ló	I beg you, I request
ἡ Παρασκευή,	pa-ra-ske-ví	Friday
ὁ πατέρας,	pa-té-ras	father
ἡ Πέμπτη,	pém-ti	Thursday
πενήντα,	pe-nín-ta	fifty
πέντε,	pén-te	five
τὸ πεπόνι,	pe-pó-ni	melon
πηγαίνω,	pi-yé-no	I go
τὸ πηρούνι,	pi-rú-ni	fork
τὸ πιάτο,	pi-á-to	plate
πίνω,	pí-no	I drink
τὸ ποδήλατο,	po-dhí-la-to	bicycle
ποιός;	piós	who?
πολλά,	po-lá	many (neuter)
ἡ πόρτα,	pór-ta	door
τὸ πορτοκάλλι,	po-rto-ká-li	orange
πόσα;	pó-sa	how many? (neuter)
τὸ ποτήρι,	po-tí-ri	glass
ποῦ;	pú?	where?
πράσινος,	prá-si-nos	green
τὸ πρωΐ,	pro-í	morning
πρῶτος,	pró-tos	first
ὁ πύργος,	pír-ghos	tower, castle
π.χ.	pì khì	e.g.
πῶς;	pós?	how? in what way?

Ρ

τὸ ράδιο,	rá-dhio	radio
τὸ ρεστωράν,	re-sto-rán	restaurant
τὸ ροδάκινο,	ro-dhá-ki-no	peach

Σ

τὸ Σάββατο,	sá-va-to	Saturday
ἡ σάλα,	sá-la	living room
σαράντα,	sa-rán-ta	forty
σὲ (εἰς),	sé	to (motion)
σεῖς,	sis	you
ἡ σελίς,	se-lís	page
ὁ Σεπτέμβριος,	Septé-mvrios	September
σήμερα,	sí-me-ra	today
σιγά,	sighá	quietly, gently
τὸ σκυλί,	ski-lí	dog
ἡ σούπα,	sú-pa	soup, broth
τὸ σπίρτο,	spí-rto	match

τὸ σπίτι,	spí-ti	home
ὁ σταυρός,	sta-vrós	cross
στὴν (εἰς τὴν),	stín	to the (fem)
στό (εἰς τὸ),	stó	on the
ὁ στυλογράφος,	sti-lo-ghrá-fos	pen
σύ,	sí	you (one person)
τὸ σῦκο,	sí-ko	fig
τὸ σχολεῖο,	skho-lí-o	school

T

τὰ ....,	tá	the (neuter-plural)
ὁ ταῦρος,	tá-vros	bull
τέσσερα,	té-se-ra	four
ἡ Τετάρτη,	te-tá-rti	Wednesday
τὸ τηλέφωνο,	ti-lé-fo-no	telephone
τηλεφωνῶ,	ti-le-fo-nó	I telephone
τί;	tí?	what?
τό .....,	tó	the (neuter)
ὁ τοῖχος,	tí-khos	wall
τότε;	tó-te?	then?
ἡ τραπεζαρία,	tra-pe-za-ría	dining room
τὸ τραπέζι,	tra-pé-zi	table
τρέχω,	tré-kho	I run
τρία,	trí-a	three
τριάντα,	tri-á-nta	thirty
ἡ Τρίτη,	trí-ti	Tuesday
τρίτος,	trí-tos	third
τρώγω,	tró-gho	I eat
ἡ τσάντα,	tsán-ta	handbag, bag
ὁ τσολιᾶς,	tso-liás	a soldier of the Royal Guard
τὸ τυρί,	ti-rí	cheese

Υ

| τὸ ὑπνοδωμάτιο, | ip-no-dho-má-tio | bedroom |
| τὸ ὑποβρύχιο, | ipo-vrí-khio | submarine |

Φ

ὁ φάκελλος,	fá-ke-los	envelope
ὁ φακός,	fa-kós	lens, magnifying glass
ὁ Φεβρουάριος,	fe-vru-á-rios	February
τὸ Φθινόπωρο,	fthi-nó-poro	Fall
τὸ φόρεμα,	fó-re-ma	dress
ὁ φράκτης,	frák-tis	fence
τὰ φροῦτα,	frú-ta	fruit

X

| ὁ χάρτης, | khár-tis | map |

ὁ χειμῶνας,	khi-mó-nas	winter
τὸ χέρι,	khé-ri	hand
χιονίζει,	khi-o-ní-zi	it snows
τὸ χρῶμα,	khró-ma	color

Ψ

ὁ ψαρᾶς,	psa-rás	fisherman
τὸ ψάρι,	psá-ri	fish
τὸ ψωμί,	pso-mí	bread

Ω

ὁ ὠκεανός,	o-ke-a-nós	ocean